LES POURQUOI DE L'HISTOIRE
2

Stéphane BERN

LES POURQUOI DE L'HISTOIRE 2

Albin Michel

« Je n'aime dans l'Histoire que les anecdotes. »

Prosper Mérimée

SOMMAIRE

1. Pourquoi dit-on que Toutankhamon a été un pharaon insignifiant ? 15
2. Pourquoi les temples égyptiens d'Abou Simbel ne se trouvent-ils pas à leur emplacement d'origine ? 18
3. Pourquoi dit-on : « riche comme Crésus » ? 21
4. Pourquoi Brutus n'est-il pas le fils de César ? 23
5. Pourquoi les mois successifs de juillet et août ont-ils tous les deux 31 jours ? 25
6. Pourquoi dit-on : « l'argent n'a pas d'odeur » ? 28
7. Pourquoi Clotilde, la femme de Clovis, a-t-elle laissé exécuter deux de ses petits-enfants ? 30
8. Pourquoi la devise des rois d'Angleterre est-elle en français ? 32
9. Pourquoi dit-on : « aller à Canossa » ? 35
10. Pourquoi, durant près de mille ans, les prêtres catholiques ont-ils pu se marier ? 37
11. Pourquoi dit-on : « se battre pour des prunes » ? 39
12. Pourquoi la fleur de lys est-elle le symbole de la monarchie française ? 41
13. Pourquoi Philippe Auguste a-t-il ordonné de paver les rues de Paris ? 43
14. Pourquoi Saint Louis a-t-il imposé aux juifs le port d'une « étoile jaune » ? 45
15. Pourquoi les papes sont-ils élus en conclave ? 48

16. Pourquoi le roi de France Jean Ier n'a-t-il jamais régné ? 51
17. Pourquoi la Bretagne doit-elle son célèbre beurre salé au roi Philippe VI ? 54
18. Pourquoi, en 1417, quatre papes se sont-ils disputé le trône de saint Pierre ? 56
19. Pourquoi Byzance, Constantinople et Istanbul sont-elles une seule et même ville ? 58
20. Pourquoi peut-on dire que Dracula n'est pas une légende ? 60
21. Pourquoi la rose est-elle l'emblème de l'Angleterre ? 63
22. Pourquoi un peintre de la Renaissance a-t-il donné son nom au carpaccio ? 66
23. Pourquoi Christophe Colomb a-t-il été sauvé par une éclipse ? 68
24. Pourquoi a-t-on donné à tort le nom d'« Amérique » au Nouveau Monde ? 70
25. Pourquoi la Suisse est-elle un pays neutre ? 73
26. Pourquoi Magellan n'a-t-il pas vraiment fait le tour du monde ? 75
27. Pourquoi le premier nom de New York a-t-il été… Angoulême ? 78
28. Pourquoi, durant l'hiver 1543, la cathédrale de Toulon a-t-elle été transformée en mosquée ? 81
29. Pourquoi Charles Quint a-t-il assisté à ses propres funérailles ? 84
30. Pourquoi dit-on : « mettre à l'index » ? 87
31. Pourquoi les protestants français étaient-ils appelés « huguenots » ? 89
32. Pourquoi la capitale de Malte s'appelle-t-elle La Valette ? 91
33. Pourquoi Henri III a-t-il introduit la fourchette à la cour ? 93
34. Pourquoi Saint-Marin est-elle la plus vieille république du monde ? 96
35. Pourquoi dit-on : « retourner sa veste » ? 99
36. Pourquoi la langue officielle de l'Italie est-elle le toscan ? 102

37. Pourquoi Napoléon a-t-il choisi l'abeille comme symbole impérial ? 104
38. Pourquoi, le 25 juin 1658, la ville de Dunkerque a-t-elle changé trois fois de nationalité en une seule journée ? 106
39. Pourquoi, en 1658, le port de la perruque s'est-il soudainement répandu à la cour ? 108
40. Pourquoi l'île des Faisans est-elle gérée alternativement par la France et l'Espagne ? 111
41. Pourquoi Cromwell a-t-il été pendu deux ans après sa mort ? 113
42. Pourquoi Paris est-elle surnommée la « Ville lumière » ? 116
43. Pourquoi la ville bretonne de Lorient porte-t-elle ce nom ? 118
44. Pourquoi le quartier new-yorkais du Queens porte-t-il ce nom ? 120
45. Pourquoi le siège de Vienne, en 1683, est-il à l'origine des croissants ? 122
46. Pourquoi le tsar Pierre Ier a-t-il créé un impôt sur la barbe ? 125
47. Pourquoi Voltaire a-t-il été embastillé ? 128
48. Pourquoi dit-on : « travailler pour le roi de Prusse » ? 131
49. Pourquoi le mot silhouette est-il en fait un nom propre ? 134
50. Pourquoi le sandwich porte-t-il le nom d'un homme d'État anglais ? 136
51. Pourquoi Louis XV est-il le seul roi de France à n'avoir pas été embaumé ? 138
52. Pourquoi les Australiens ont-ils une réputation de voyous ? 140
53. Pourquoi, dans la vie politique française, parle-t-on de « la gauche » et de « la droite » ? 142
54. Pourquoi les Jacobins sont-ils appelés ainsi ? 144
55. Pourquoi le symbole de la République se nomme-t-il « Marianne » ? 146

56. Pourquoi surnomme-t-on l'Angleterre la « perfide Albion » ? 149
57. Pourquoi Mme Tallien a-t-elle été surnommée « Notre-Dame de Thermidor » ? 151
58. Pourquoi l'hymne polonais est-il le seul à célébrer Napoléon ? 153
59. Pourquoi la place des Vosges porte-t-elle ce nom ?... 156
60. Pourquoi Napoléon a-t-il rétabli l'esclavage ? 159
61. Pourquoi dit-on : « avoir les dents du bonheur » ?.. 162
62. Pourquoi l'Arc de Triomphe aurait-il pu être un éléphant ? 164
63. Pourquoi les États-Unis sont-ils surnommés l'« Oncle Sam » ? 167
64. Pourquoi les célèbres *Guards* britanniques portent-ils un haut bonnet en poil d'ours ? 170
65. Pourquoi Simón Bolívar, qui était vénézuélien, donna-t-il son nom à la Bolivie ? 172
66. Pourquoi le coq symbolise-t-il la France ? 175
67. Pourquoi un opéra fut-il à l'origine de l'indépendance de la Belgique ? 178
68. Pourquoi, depuis 184 ans, le drapeau belge n'est-il pas dans le bon sens ? 181
69. Pourquoi dit-on : « On n'est pas sorti de l'auberge » ? 183
70. Pourquoi l'obélisque égyptien de Louxor se trouve-t-il aujourd'hui place de la Concorde ?..... 185
71. Pourquoi les timbres britanniques sont-ils les seuls à ne pas mentionner leur pays d'émission ? 188
72. Pourquoi le palais de l'Élysée est-il la résidence officielle des présidents de la République ? 190
73. Pourquoi Verdi a-t-il servi l'unité italienne ? 192
74. Pourquoi le Var est-il le seul département à porter le nom d'un fleuve qui ne le traverse pas ? 195
75. Pourquoi Abraham Lincoln portait-il la barbe ?....... 197
76. Pourquoi la Croix-Rouge est-elle née à la suite de la bataille de Solférino ? 200
77. Pourquoi la colonne Vendôme n'est-elle qu'une réplique ? 203

78. Pourquoi le 14 juillet est-il notre fête nationale ?.... 206
79. Pourquoi « poubelle » est-il un nom propre ?........... 209
80. Pourquoi une célèbre pizza porte-t-elle le nom d'une reine de Savoie ?.. 211
81. Pourquoi le drapeau suisse est-il le seul à être de forme carrée ?.. 213
82. Pourquoi la fête du Travail est-elle célébrée le 1er mai ?.. 215
83. Pourquoi Émile Zola a-t-il vu sa candidature refusée par l'Académie française à vingt-quatre reprises ?..... 218
84. Pourquoi, en 1896, la guerre qui opposa l'Angleterre à Zanzibar n'a-t-elle duré que 38 minutes ?............ 220
85. Pourquoi a-t-on conquis le pôle Nord cinquante ans après le pôle Sud ?.. 223
86. Pourquoi Guillaume Apollinaire a-t-il été accusé du vol de *La Joconde* ?.. 225
87. Pourquoi la mort d'un journaliste a-t-elle précipité la Première Guerre mondiale ?................................ 228
88. Pourquoi dit-on : « limoger » ?................................ 231
89. Pourquoi les cendres de Rouget de Lisle ne sont-elles pas au Panthéon ?................................ 233
90. Pourquoi, à la fin de la Première Guerre mondiale, l'uniforme des soldats français n'était-il pas de la même couleur qu'au début du conflit ?.......... 236
91. Pourquoi la famille royale d'Angleterre a-t-elle pris le nom du château de Windsor en 1917 ?............. 238
92. Pourquoi dit-on : « une élection de maréchal » ?..... 240
93. Pourquoi la terrible grippe de 1918 a-t-elle été appelée « grippe espagnole » ?................ 242
94. Pourquoi, au Royaume-Uni, la minute de silence dure-t-elle… deux minutes ?................................ 244
95. Pourquoi les États-Unis, à l'origine de la Société des Nations, n'ont-ils jamais fait partie de cette organisation ?... 246
96. Pourquoi New York est-elle surnommée « Big Apple » ?.. 248

97. Pourquoi, le 4 août 1922, toutes les lignes téléphoniques des États-Unis ont-elles été volontairement coupées ?.................................. 250
98. Pourquoi le Vatican est-il le plus petit État du monde ?.. 252
99. Pourquoi Nantes n'est-elle plus en Bretagne ?........ 255
100. Pourquoi l'Allemagne n'a-t-elle pas choisi le 9 novembre, jour de la chute du mur de Berlin, comme fête nationale ?.. 257
101. Pourquoi, durant la Seconde Guerre mondiale, les Allemands étaient-ils appelés « les Chleuhs » ?... 260
102. Pourquoi Paris et Londres ne sont-elles plus à la même heure ?.. 262
103. Pourquoi la capitulation allemande n'a-t-elle pas été signée le 8, mais le 7 mai 1945 ?.................. 265
104. Pourquoi, le 17 juillet 1945, une chambre de l'hôtel Claridge de Londres fut-elle cédée à la Yougoslavie ?... 267
105. Pourquoi René Coty a-t-il été élu président de la République grâce à sa prostate ?.................. 270
106. Pourquoi Winston Churchill a-t-il refusé le titre de « duc de Londres » ?.............................. 272
107. Pourquoi, en 1956, la reine d'Angleterre aurait-elle pu être le chef de l'État français ?......................... 274

1.

Pourquoi dit-on que Toutankhamon a été un pharaon insignifiant ?

Toutankhamon est assurément le plus connu des pharaons égyptiens. Pourtant, à la différence de son père Akhenaton ou du grand Ramsès II, il a à peine régné ! Seulement neuf années, en raison de sa mort prématurée à l'âge de 18 ans, vers -327. À quoi le pharaon adolescent doit-il sa renommée ?

La réponse est simple : à la découverte de son luxueux tombeau ! Toutankhamon fut vraisemblablement emporté jeune par une maladie génétique liée à la consanguinité. Car, à l'instar de nombreux pharaons, ses parents étaient frère et sœur. Comme les autres souverains du Nouvel Empire (entre -1500 et -1000), il fut enseveli dans la Vallée des Rois, une région désertique située en face de l'actuelle ville de Louxor.

Les tombeaux des pharaons y étaient creusés dans la roche. Si les sépultures étaient soigneusement dissimulées pour empêcher les voleurs d'y pénétrer, les pillards finissaient toujours par les découvrir et les violaient pour y dérober le somptueux mobilier funéraire. Par miracle, l'une d'entre elles leur échappa, celle de Toutankhamon.

Totalement oubliée, sa tombe demeura intacte pendant près de 3 300 ans. Du moins jusqu'en 1915, lorsque l'archéologue Howard Carter découvre des jarres et des sceaux portant le nom d'un pharaon méconnu, le onzième de la XVIIIe dynastie, un certain Toutankhamon. Persuadé que sa sépulture se trouve encore dans la Vallée des Rois, le Britannique entreprend des fouilles pour la retrouver. Ses recherches durent six ans, en vain.

Alors qu'il est sur le point d'abandonner, l'égyptologue a l'idée d'explorer une zone oubliée, située à l'entrée de la tombe du pharaon Ramsès VI. Les fouilles y débutent le 1er novembre 1922. Aussitôt, on aperçoit les fondations de plusieurs cabanes d'ouvriers. Trois jours plus tard, on dégage une première marche menant à une sépulture. Bientôt, une porte est atteinte : elle arbore le sceau de Toutankhamon ! Le 25 novembre, la porte donne accès à un long couloir creusé dans la roche et rempli de gravats. Il faudra plusieurs jours pour le dégager. Finalement, le 29 novembre 1922, Howard Carter pénètre dans la sépulture de Toutankhamon, demeurée intacte après plus de trois millénaires.

Les archéologues vont mettre des mois à explorer les lieux. Outre le précieux sarcophage contenant la momie du jeune pharaon, les cinq salles du tombeau renferment un trésor inestimable de plus de 2 000 pièces : trône, lits, vases et autres bijoux, qui vont révéler au monde entier la prodigieuse richesse de l'Égypte antique ! Le plus célèbre de ces objets est sans aucun doute le masque funéraire qui protégeait la tête et les épaules du pharaon. Constitué de onze kilos d'or massif et de pierres précieuses, il représente le souverain portant sa coiffe traditionnelle (*némès*), striée de bandes horizontales bleues. Elle est aujourd'hui exposée au musée égyptien du Caire, mais le musée du Louvre dispose d'une reproduction de toute beauté. Après un règne insignifiant, Toutankhamon accède ainsi à une gloire internationale et éternelle.

Cette découverte exceptionnelle donna lieu à une étrange légende, selon laquelle tous les archéologues ayant pénétré dans le tombeau seraient morts mystérieusement peu de temps après, victimes d'une malédiction. Une certaine presse, sans doute en mal de ventes, propagea qu'une inscription (toute chimérique) indiquait : « Ceux qui entrent dans ce tombeau sacré seront visités par les ailes de la mort. » On parla même d'un champignon mortel présent dans l'atmosphère confinée de la tombe. En réalité, tous ceux qui avaient assisté à l'ouverture du sarcophage survécurent à la malédiction, à commencer par Howard Carter, qui ne mourut qu'en 1939, soit dix-sept ans après sa retentissante découverte, d'une cirrhose.

2.

Pourquoi les temples égyptiens d'Abou Simbel ne se trouvent-ils pas à leur emplacement d'origine ?

Située à l'extrême sud de l'Égypte, la ville d'Abou Simbel est aujourd'hui une étape incontournable pour les passionnés d'égyptologie. Chaque jour, des centaines de touristes peuvent y admirer le grand temple et sa célèbre entrée, encadrée de quatre colosses. Creusées dans la roche et hautes de vingt-deux mètres, ces statues sont à l'effigie de Ramsès II, coiffé de la double couronne de la Haute et de la Basse-Égypte. Or aujourd'hui, ce trésor architectural vieux de 3 000 ans ne se trouve plus sur son emplacement d'origine. Que s'est-il passé ?

Ramsès II a fait construire les temples d'Abou Simbel vers -1250, pour honorer les divinités Râ, Amon et Ptah. En réalité, le pharaon célébrait là son propre culte, ainsi que celui de son épouse adorée. Situé sur la colline sacrée de Méha, le grand temple était dédié à Ramsès II, tandis que le petit, installé sur la colline d'Ibshek, était consacré à Néfertari, représentée sous les traits de la déesse Hathor. Si le souverain a choisi le site d'Abou Simbel, à environ 70 kilomètres de la deuxième cataracte du Nil, c'était avant tout pour réaffirmer que cette province de Nubie faisait partie intégrante de son empire. Oubliés durant 2 500 ans, enfouis sous des tonnes de sable, ces temples ne seront redécouverts par les archéologues qu'au début du XIXe siècle.

En 1954, le général Nasser prend le pouvoir en Égypte. Cherchant à moderniser son pays, il lance le projet de construction d'un barrage monumental sur le Nil, à Assouan, destiné à développer l'irrigation et à produire de l'électricité. Après plusieurs années de tergiversations liées au contexte de la guerre froide et à la nationalisation du canal de Suez, l'édification de l'ouvrage commence en 1960, financée par l'URSS. Or un sérieux problème se pose aux ingénieurs : les travaux occasionnent une montée des eaux du « lac Nasser », sur les rives duquel s'élèvent les temples d'Abou Simbel, qui risque de les engloutir à jamais !

À la suite d'une campagne de l'UNESCO, menée à l'initiative de l'égyptologue française Christiane Desroches-Noblecourt, il est décidé de sauver ces monuments historiques. Et il faudra l'alliance de toute la communauté internationale pour réunir les fonds et compétences techniques nécessaires. Geste collectif qu'André Malraux, alors ministre de la Culture, qualifie en mai 1960 d'« acte par lequel l'homme arrache quelque chose à la mort ». Ce sera un symbolique prélude à la consécration de la notion de patrimoine mondial.

La première solution proposée est de protéger le site par un second barrage. On envisage aussi de surélever les temples au moyen de vérins. Mais ces options sont jugées hasardeuses ou trop coûteuses. Finalement, on se résout à déplacer les monuments. Entre 1963 et 1968, le plus grand déménagement de l'Histoire est engagé : découpés à la scie par blocs de vingt tonnes (1 042 blocs seront transportés), les deux temples sont remontés de 64 mètres, hors de portée des eaux, sur une colline factice située à 180 mètres de leur lieu d'implantation initiale.

Près de 3 000 personnes venues du monde entier participent à cette opération, proprement « pharaonique » – qui coûtera trente-six millions de dollars, mais préservera les temples d'Abou Simbel, consacrant ce site comme un des plus hauts lieux touristiques du pays. On devait bien ça au grand Ramsès II !

3.

Pourquoi dit-on : « riche comme Crésus » ?

La formule est si familière que la plupart des gens ignorent qui est exactement Crésus. Un personnage de Molière passé à la postérité, comme Tartuffe ou Harpagon ? Un héros de la mythologie gréco-romaine, côtoyant Narcisse, Apollon ou Hercule ? Une figure biblique servant d'antithèse au « pauvre Job » ? Nullement. Crésus est un homme qui vécut durant l'Antiquité et dont la fortune n'était pas une légende…

Né vers -596, Crésus est roi de Lydie, un puissant royaume grec situé à l'ouest de l'Asie Mineure. Héritier de la dynastie des Mermnades, il a pour lointain ancêtre le roi Gygès. C'est sous le règne de ce dernier qu'ont été inventées, un siècle plus tôt, les premières pièces de monnaie. Constituées d'un alliage naturel d'or et d'argent (l'électrum), ces valeurs sonnantes et trébuchantes étaient échangeables contre tout bien disponible à la vente.

Vers -561, Crésus succède à son père Alyatte II. Dès le début de son règne, le nouveau roi achève la colonisation des régions littorales de l'Asie Mineure occidentale, en soumettant Éphèse et toutes les riches cités d'Ionie. Ces conquêtes lui rapportent de gigantesques butins, qui alimentent la fortune déjà considérable tirée de son royaume.

En effet, la Lydie bénéficie d'un sol fertile. Mais, surtout, l'une de ses rivières charrie dans son lit des paillettes d'or ! Celles-là mêmes qui ont permis de frapper les premières monnaies. Ce cours d'eau aurifère, affluent du fleuve Hermos, porte le nom de Pactole – qui désignera par la suite une exceptionnelle source de richesse ou de profit. Grâce à son or, le roi Crésus devient de son vivant un symbole d'opulence, qu'il entretient en accordant des offrandes somptueuses à l'oracle de Delphes. Hérodote rapporte d'ailleurs que, lors d'une rencontre avec Solon, il fait un tel étalage de ses trésors que le législateur athénien lui aurait donné cet avertissement : « *Ne dis personne heureux avant sa fin.* »

Au bout d'une dizaine d'années de règne, Crésus entre en guerre contre le roi de Perse, Cyrus le Grand. En -546, il envahit la Cappadoce, région située à l'est de l'Asie Mineure. Après une bataille confuse à Ptéria, Crésus retrouve sa capitale afin de rassembler ses troupes. Mais Cyrus le pourchasse jusqu'à Sardes et parvient à le déposer. On ne sait pas ce qu'il advint de Crésus par la suite. Pour certains, Cyrus l'aurait fait brûler vif. D'autres soutiennent qu'il fut fait prisonnier, puis nommé gouverneur de Barène (en Médie) par le roi de Perse.

L'expression « riche comme Crésus », qui fait référence à son opulente fortune, n'apparaîtra dans la langue française qu'au milieu du XVIIe siècle.

Finissons cette histoire par un bon mot de la cantatrice Maria Callas. Interrogée un jour sur les raisons de son attirance pour le milliardaire grec Aristote Onassis, elle prononça cet aveu merveilleux : « *Il est beau comme Crésus.* »

4.

Pourquoi Brutus n'est-il pas le fils de César ?

Essayons de rendre à Jules César ce qui lui appartient ! Bon nombre de légendes courent au sujet du célèbre Romain – le plus souvent véhiculées par la culture populaire, en particulier la bande dessinée *Astérix*. La plus répandue d'entre elles fait de lui un empereur, alors qu'il ne fut que dictateur[1]. Une autre légende prétend que le sénateur Brutus, qui prit part à son assassinat et lui donna même l'ultime coup de couteau, était son fils adoptif. C'est une autre erreur, mais d'où provient-elle ?

De son vrai nom Marcus Junius Brutus Caepio, Brutus naît en -85 (Jules César n'a que 15 ans). Il est le fils de Marcus Junius Brutus et de Servilia, sœur du célèbre homme politique Caton d'Utique. Il est encore enfant lorsque son père est assassiné sur ordre de Pompée durant la guerre civile qui oppose Marius le Jeune à Sylla. Cela ne l'empêche pas de prendre plus tard le parti de Pompée, qu'il considère moins autoritaire que César. Brutus est très attaché à la démocratie, son oncle Caton, qui s'est occupé de son éducation, ayant pris soin de l'envoyer en Grèce pour l'initier à la philosophie et au stoïcisme.

1. Cf. *Les Pourquoi de l'Histoire*, vol. 1.

César pourtant va tenter de se concilier les bonnes grâces de Brutus, l'appelant auprès de lui après sa victoire et le comblant de faveurs. Pourquoi une telle attitude ? Parce que le nouvel homme fort de Rome s'est épris de sa mère Servilia ! Le jeune homme n'en demeure pas moins un fervent défenseur de la République et s'inquiète des pouvoirs sans limite accordés à César, récemment proclamé dictateur à vie.

Ainsi, pour sauvegarder le régime républicain, Brutus accepte de se rallier à un complot fomenté par une soixantaine de sénateurs : assassiner le dictateur afin de l'empêcher de rétablir la monarchie. Le passage à l'acte se déroule en plein Sénat le 15 mars -44. Poignardé à vingt-trois reprises par les conjurés, le dictateur s'écroule au pied de la statue de son ancien rival, Pompée. Avant de mourir, découvrant son jeune protégé parmi les assassins, il s'écrie : « *Tu quoque, mi fili* » (« Toi aussi, mon fils »). C'est cette phrase qui a pu prêter à confusion et désigner Brutus comme le fils de César.

En réalité, César s'était exprimé en grec (« *Kai su, teknon* »), comme c'était la coutume parmi l'élite romaine. Or, dans cette langue, le mot « fils » ne désigne pas un lien familial particulier, mais plutôt un rapport affectif envers un plus jeune que soi. Aujourd'hui, on traduirait cette expression par « mon petit ».

Après le meurtre de César, Brutus et son allié le général Cassius fuient vers l'est de l'empire, poursuivis par Octave et Marc Antoine. À la tête d'une importante armée, les deux fugitifs livrent bataille contre ce dernier, dans la plaine de Philippes en Macédoine. Vaincu, Brutus se suicidera le 23 octobre -42. On raconte qu'il s'écria à son tour en mourant : « *Vertu, tu n'es qu'un nom.* »

5.

Pourquoi les mois successifs de juillet et août ont-ils tous les deux 31 jours ?

Notre calendrier présente deux singularités que nous avons tous remarquées. La première concerne le mois de février, qui est le seul à compter 28 jours, ou 29 lors des années bissextiles. Plus subtile, la seconde anomalie attribue 31 jours aux mois de juillet et d'août tandis que, le reste de l'année, les mois de 30 et de 31 jours alternent. Cette exception est d'origine historique, mais à quel événement la doit-on ?

Si le mois d'août présente 31 jours au lieu des trente attendus, il ne s'agit pas d'une généreuse gratification destinée à prolonger d'un jour les vacances d'été ! La réponse se trouve dans les origines du calendrier, c'est-à-dire à l'époque romaine. Jusqu'au Ier siècle avant J.-C., les Romains utilisaient un calendrier lunaire et l'année comportait 355 jours, répartis en douze mois de 29 ou 31 jours. L'année commençait alors au mois de « mars », du nom du dieu romain de la guerre – cet ordre original explique d'ailleurs les noms des actuels mois de septembre, octobre, novembre et décembre, placés respectivement au 7e, 8e, 9e et 10e rang des anciens mois romains. Or, comme l'année calendaire ne coïncidait pas avec le cycle solaire, les responsables des affaires religieuses (appelés « pontifes ») étaient obligés d'affiner le calendrier en ajoutant, tous les deux ans, 27 ou 28 jours supplémentaires. En réalité, la politique prenait bien souvent le pas sur la science, ces jours étant ajoutés arbitrairement, au gré de leurs intérêts, pour allonger ou raccourcir le mandat des consuls, élus pour une année non renouvelable !

Pour en finir avec cette anarchie, Jules César décide en -46 de réformer complètement le calendrier romain. Sur les conseils de l'astronome Sogisène d'Alexandrie, qui a calculé que l'année solaire était de 365 jours plus un quart, un nouveau calendrier est élaboré. Il divise l'année en douze mois fixes : six mois de 31 jours et cinq de 30 jours. Quant à février, qui était le dernier de l'année, il comporte 29 jours deux années sur trois et 30 jours l'année restante. Baptisé « julien », ce calendrier est appliqué à partir de -45. Pour rendre hommage à l'initiateur de cette réforme, le Sénat romain décide de rebaptiser de son nom le cinquième mois de l'année, qui est celui de sa naissance : Julius – qui sera plus tard traduit par « juillet » en français.

En l'an -8, afin qu'il soit en totale conformité avec l'année solaire, l'empereur Auguste réforme à son tour le calendrier : il y aura une année bissextile tous les quatre ans et non tous les trois ans. En conséquence, le Sénat décide d'honorer Auguste à son tour, en donnant son nom au sixième mois de l'année romaine, notre actuel mois d'« août ». Cependant, cela pose un problème : août ne compte que 30 jours, c'est-à-dire un de moins que juillet. Or il est impensable que César et Auguste ne soient pas à égalité. On retranche donc un jour au mois de février pour l'ajouter en août. Voilà pourquoi le mois de février compte aujourd'hui 28 jours et le mois d'août 31 !

La coutume de donner le nom d'un empereur romain à un mois du calendrier faillit bien se poursuivre avec Tibère, successeur d'Auguste. Le Sénat lui proposa de donner son nom au mois qui l'avait vu naître : novembre. Celui-ci n'ayant que 30 jours, allait-on encore en retirer un à février pour le lui donner ? Heureusement, dédaignant une telle flatterie, Tibère eut ce bon mot : « *Comment ferez-vous pour le treizième empereur ?* » Les sénateurs n'insistèrent pas.

6.

Pourquoi dit-on : « l'argent n'a pas d'odeur » ?

De nombreuses expressions populaires découlent d'événements historiques, dont certains remontent parfois à l'Antiquité. Citons « une victoire à la Pyrrhus », du nom du roi des Molosses et parent d'Alexandre le Grand, Pyrrhus Ier. Ou « franchir le Rubicon », en référence au fleuve traversé par Jules César lors de la guerre contre Pompée. C'est aussi le cas de l'expression « l'argent n'a pas d'odeur », familière au point d'avoir été élevée au rang de proverbe. Mais qui se souvient encore de son étonnante origine ?

Nous sommes en l'an 68. Dernier représentant de la dynastie des Julio-Claudiens (fondée par César et Auguste), Néron a sombré dans la folie et s'est vu écarté du trône au profit du général Galba. Proclamé empereur, ce dernier ne règne que sept mois avant d'être assassiné sur ordre du gouverneur de Lusitanie, Othon, qui lui succède. Mais il ne se maintient lui-même au pouvoir que durant trois mois : vaincu militairement par son rival, le général Vitellius, il est contraint de se suicider. À peine monté sur le trône, Vitellius doit à son tour affronter une révolte menée par Vespasien, légat de Judée. À la bataille de Bedriacum, son armée est défaite par celle de Vespasien et, le 20 décembre 69, Vitellius est égorgé sur le forum de Rome par des citoyens ulcérés.

Sitôt la nouvelle connue, Vespasien est proclamé empereur par le Sénat. Il est le quatrième général à monter sur le trône de l'empire en moins d'un an !

Fondateur d'une nouvelle dynastie, celle des Flaviens, Vespasien est bien décidé à rétablir l'ordre après presque deux ans de guerre civile. L'un de ses premiers soucis est de redresser les finances publiques, épuisées quelques années plus tôt par Néron. Dans ce but, il réduit les effectifs de la garde prétorienne, programme des économies budgétaires et multiplie les impôts. En 70, il crée ainsi une nouvelle taxe sur… la collecte d'urine ! Ce liquide organique était utilisé par les teinturiers pour préparer les tissus avant coloration et pour dégraisser les laines.

Or selon l'historien Suétone, son fils Titus aurait manifesté une franche réticence à voir collecter de l'argent sur l'urine. Se saisissant d'une poignée de pièces d'or et les lui mettant sous le nez, Vespasien lui aurait alors objecté en latin : « *Non olet* », expression qui signifie : « *Il* [l'argent] *n'a pas d'odeur.* »

Lorsque, au XIXe siècle, sous le règne de Louis-Philippe, le préfet Rambuteau fit installer les premières toilettes publiques, il se souvint de cette anecdote et se hâta de répandre, pour les désigner, l'expression « colonnes vespasiennes », afin de supplanter celle de « colonnes Rambuteau » qui mettait à mal son patronyme. Un transfert d'hommage qui n'aurait pas forcément plu à l'empereur !

7.

Pourquoi Clotilde, la femme de Clovis, a-t-elle laissé exécuter deux de ses petits-enfants ?

Fille du roi des Burgondes et épouse de Clovis, Clotilde est passée à la postérité pour avoir pesé d'un grand poids dans la conversion de son mari au christianisme, un événement fondateur de la monarchie française. En revanche, sa vie est beaucoup moins connue du grand public. Peut-être parce que la reine fut mêlée à l'un des épisodes les plus sordides de l'Histoire de France…

Clovis meurt en 511. Considéré selon la coutume des rois barbares comme un bien patrimonial, son royaume, conformément aux règles du droit privé, est partagé entre ses quatre fils : à Thierry revient le royaume de Reims, à Clodomir celui d'Orléans, à Childebert celui de Paris, et à Clotaire celui de Soissons. En 523, Thierry et Clodomir lancent une expédition punitive contre les Burgondes. Cette campagne est fatale à Clodomir, qui trouve la mort à la bataille de Vézeronce (Isère), laissant derrière lui trois fils : Thibaut, Gonthier et Clodoald. Mineurs, ils sont recueillis par leur grand-mère Clotilde, qui veille avec tendresse sur les petits orphelins en attendant qu'ils puissent prendre possession de l'héritage de leur père.

Mais, lorgnant sur les terres de leur frère disparu, Childebert et Clotaire concluent un accord pour se débarrasser de leurs trois neveux. Après avoir récupéré les enfants sous prétexte de les faire sacrer, ils dépêchent auprès de Clotilde un des sénateurs d'Auvergne, Arcade, muni d'une paire de ciseaux et d'une épée. L'émissaire demande à la reine mère de choisir le sort réservé à ses petits-enfants : avoir les cheveux tondus ou être égorgés. Précisons que, chez les princes francs, les cheveux longs étaient le symbole absolu de la royauté.

Sachant que la tonte ôterait à ses petits-enfants le droit de régner, Clotilde, abasourdie et sous le coup de l'indignation, s'exclame trop vite qu'elle préfère encore les voir morts que rasés. L'émissaire s'empresse de rapporter cette réponse aux deux oncles qui décident de la prendre au mot. Clotaire commence par poignarder Thibaut (10 ans) tandis que Gonthier (7 ans) se jette aux pieds de Childebert, qui manque de céder devant les supplications de son neveu. C'est finalement Clotaire qui l'assassine en l'égorgeant. Le plus jeune, Clodoald, parvient à s'enfuir grâce à des complices.

Suivie d'un immense cortège funéraire, Clotilde accompagna les corps de ses deux petits-fils jusqu'à l'abbaye Sainte-Geneviève, où ils furent ensevelis, aux côtés de Clovis et de sainte Geneviève. Quant à Clodoald, il renoncera à la royauté en se faisant tondre les cheveux. Retiré dans un ermitage à Nogent, dans l'ouest de Paris, puis devenu abbé, il sera le premier prince franc canonisé par l'Église. Il est aujourd'hui connu sous le nom de saint Cloud. Et c'est en son honneur que la ville de Nogent-sur-Seine a pris le nom de Saint-Cloud, ses habitants devenant les Clodoaldiens.

8.

Pourquoi la devise des rois d'Angleterre est-elle en français ?

Sur les armoiries officielles de la reine Élisabeth II, on peut lire la devise de la Couronne britannique, instituée au xve siècle : « *Dieu et mon droit* ». Chose étonnante, elle est écrite en français et non en anglais. Pourquoi ?

Pour le comprendre, il nous faut remonter à 1066. Le 5 janvier de cette année-là, le roi d'Angleterre Édouard le Confesseur, dont la grande piété lui vaudra d'être canonisé, décède sans héritier. Et pour cause : il avait fait vœu de chasteté. Conformément à la tradition saxonne, les seigneurs anglais élisent le lendemain son successeur en la personne de Harold Godwinson, beau-frère du défunt roi et personnage le plus influent du royaume. Celui-ci accède au trône sous le nom d'Harold II. Mais cette crise de succession fait deux mécontents.

D'un côté, le roi de Norvège Harold III, qui revendique le trône au nom d'un accord conclu par d'anciens rois d'Angleterre et de Norvège – Knud II et Magnus Ier. De l'autre côté, le duc de Normandie Guillaume le Bâtard, à qui Édouard le Confesseur avait également promis la Couronne.

Précisons qu'un accord préalable favorise ce dernier. Capturé deux ans plus tôt à la suite d'un naufrage sur les côtes françaises, Harold avait été contraint, pour obtenir sa liberté, de lui prêter serment : il renonçait à la couronne d'Angleterre. Guillaume conteste donc avec force l'élection d'Harold et obtient du pape Alexandre II l'excommunication du nouveau roi d'Angleterre.

Fort de son bon droit, il rassemble une flotte d'invasion. En quelques mois, se réunissent à l'embouchure de la Dive, près de Cabourg, environ 600 navires et une armée de 7 000 hommes, composée entre autres de mercenaires français, bretons et flamands. La flotte normande débarque au sud de l'Angleterre le 28 septembre 1066. Trois jours plus tôt, les Anglais ont défait les Norvégiens à la bataille de Stamford Bridge. Le roi de Norvège et autre prétendant au trône, Harold III, y a perdu la vie, ce qui simplifie la tâche du Français.

Le 14 octobre 1066, l'armée de Guillaume affronte celle d'Harold II à Hastings. Après un début de combat indécis, la chevalerie normande met les lignes anglaises en sérieuse difficulté. À la fin de la journée, Harold est blessé à l'œil par une flèche. Les Normands se ruent alors sur lui pour l'achever. La mort du roi entraîne la dispersion de ses troupes et la victoire définitive du Français. Le jour de la Noël 1066, Guillaume « le Conquérant » est couronné roi d'Angleterre en l'abbaye de Westminster.

Aussitôt, les barons normands se partagent les seigneuries anglaises et éliminent la noblesse locale. Dès lors, ils imposent leur langue comme étant celle de la cour et de la classe dirigeante d'Angleterre, tandis que le peuple continuera à parler l'anglo-saxon, ancêtre de l'anglais.

Durant plus de trois siècles, le français est ainsi la langue maternelle des rois d'Angleterre et de la noblesse du pays. C'est la raison pour laquelle la devise de la Couronne, « Dieu et mon droit », née durant cette période, fut rédigée en français. Il en est de même pour celle du prestigieux ordre de la Jarretière, fondé en 1348 : « Honi soit qui mal y pense » (honni avec un seul *n*).

Si, au début du XVe siècle, Henri IV est le premier souverain à prêter serment en anglais, il faudra attendre le règne de son successeur Henri V pour voir l'abandon progressif du français parmi les élites anglaises.

9.

Pourquoi dit-on : « aller à Canossa » ?

Pour annoncer qu'un responsable politique a accepté de se soumettre entièrement aux injonctions de ses adversaires, les journalistes emploient parfois une ancienne expression : « Il va à Canossa. » D'où vient-elle ?

Elle se réfère à un événement historique du XIe siècle. À cette époque, les empereurs germaniques ont pour usage de nommer les évêques et les abbés du Saint Empire. La conduite des prêtres (vie dissolue, simonie, c'est-à-dire trafic des sacrements et des charges ecclésiastiques) fait scandale, même aux yeux des fidèles. Certains clercs n'hésitent pas à dénoncer cette coutume qu'ils considèrent comme la source du mal.

Le pape Grégoire VII, élu en 1073, y voit en même temps l'occasion de renforcer l'autorité de l'Église en se libérant de l'influence des souverains. En 1075, il publie un édit de vingt-sept propositions, *Dictatus papae*, dans lequel il interdit expressément aux souverains de nommer les évêques. Et cette décision unilatérale va mettre le feu aux poudres !

L'empereur germanique Henri IV (à ne pas confondre avec notre roi de France) s'insurge contre cette réforme, qui place le souverain pontife au-dessus de son autorité. En conséquence, il prononce la déposition du pape, prétextant que son élection n'a pas été régulière. La réponse de Grégoire VII ne se fait pas attendre : Henri IV est excommunié et le pape autorise les vassaux de l'empereur à rompre leur serment d'obéissance. Se désolidarisant de l'autorité impériale, de nombreux princes et seigneurs allemands en profitent pour récupérer des terres et certains avantages qu'on leur avait confisqués. Ils vont même jusqu'à menacer de faire élire un nouveau souverain.

Peu à peu isolé, Henri IV se résigne à prendre les devants et part à la rencontre du pape pour solliciter la levée de son excommunication – seul moyen pour lui de recouvrer son pouvoir impérial. En décembre 1076, l'empereur et son armée traversent les Alpes enneigées en direction de Rome. Mais Grégoire VII, préférant éviter la rencontre pour conserver son avantage, se retire à Canossa (dans la chaîne italienne des Apennins) dans le château de Mathilde de Toscane. L'empereur l'y rejoint et finit par obtenir une entrevue.

Le 25 janvier 1077, Henri IV se présente en habit de pénitent devant le château de Canossa. Pieds nus dans la neige, l'empereur attendra durant trois jours que le pape veuille bien le recevoir ! Le 28 janvier, Grégoire VII accepte finalement de lever son excommunication. Mais comme il le craignait, Henri en profite pour restaurer son autorité et poursuivre son conflit avec la papauté.

Surnommée « Querelle des Investitures », cette discorde opposant le pape à l'empereur ne prendra fin qu'en 1122, avec le concordat de Worms signé entre Henri V et Calixte II. Les évêques du Saint Empire ne seront plus désignés par l'empereur, mais recevront une double investiture, spirituelle (par le pape) et laïque (par le souverain).

En 1872, en conflit avec le pape Pie IX qui refusait de recevoir un ambassadeur allemand au Vatican, le chancelier Bismarck lança devant le Reichstag : « *Nous n'irons pas à Canossa !* » Ce qui eut pour effet de populariser l'expression.

10.

Pourquoi, durant près de mille ans, les prêtres catholiques ont-ils pu se marier ?

La question du mariage des prêtres ne cesse de diviser les fidèles catholiques. Ses adversaires font valoir que le célibat des prêtres est un dogme qui a organisé le clergé catholique tout au long de son histoire. Ses partisans voient dans cette interdiction une tradition qu'il serait bon d'abolir pour être davantage en adéquation avec les mœurs de l'époque. Mais au sein des deux camps, beaucoup seraient surpris d'apprendre qu'en réalité, la question du célibat des prêtres n'a été posée qu'au XIIe siècle. Car durant un millénaire, de nombreux clercs étaient *de facto* mariés. Pour quelle raison ?

À l'origine, les apôtres et compagnons du Christ n'étaient pas tous célibataires. Ainsi Pierre, qui deviendra le premier évêque de Rome, était marié. Et aucun texte conservé des trois premiers siècles de l'Église ne fait mention de célibat pour les prêtres. Il faut attendre le concile d'Elvire, vers 305, pour que l'Église, dans un souci d'élévation morale, interdise aux membres du clergé de prendre une épouse et d'avoir des enfants après leur ordination, et celui de Nicée, en 325, pour qu'il leur soit défendu de cohabiter avec une femme.

Or, pendant plus de mille ans, l'Église recrute ses prêtres parmi les hommes déjà mariés et il n'y a rien d'exceptionnel pour les fidèles à se voir administrer la communion par un prêtre ayant femme et enfants. Quelques papes ont même des enfants : Félix III, lui-même fils de prêtre, veuf, en a deux quand il est élu en 483 ; Hormisdas, pape de 514 à 523, veuf lui aussi, a un fils, Sylvère, qui, après s'être marié alors qu'il était encore sous-diacre, deviendra en 536... pape !

Il faudra attendre le pontificat de Grégoire VII pour que ce pape réformateur impose davantage de rigueur. Contrairement à ce que l'on pourrait penser, les motivations de Grégoire VII sont moins morales qu'économiques. En effet, les prêtres mariés cèdent parfois à la tentation de s'enrichir et de constituer une rente au profit de leurs descendants.

Afin de préserver le patrimoine de l'Église, il faut donc à tout prix éviter que le clergé ait des héritiers. Durant plusieurs décennies, Grégoire VII et ses successeurs vont multiplier les condamnations à l'égard du mariage et du concubinage des prêtres, menaçant de déposer, voire d'excommunier, tous les contrevenants.

C'est à ce moment-là que s'impose l'obligation du célibat pour les prêtres catholiques, entérinée lors du concile de Latran II en 1139. Celui-ci défend aux fidèles d'entendre les messes des prêtres mariés ou vivant en concubinage, déclare nuls les mariages des prêtres, des chanoines et des moines, et ordonne qu'on mette en pénitence ceux qui les auront contractés.

Depuis cette date, le catholicisme est, avec le bouddhisme, la seule grande religion qui impose le célibat à ses ecclésiastiques. C'est dans la seconde moitié du XXe siècle que la question du mariage des prêtres a fait son retour dans les débats, inspirant ce joli mot à Louise de Vilmorin : « *Aujourd'hui, il n'y a plus que les prêtres qui veulent se marier.* »

11.

Pourquoi dit-on : « se battre pour des prunes » ?

Force est de constater que les fruits ont inspiré bon nombre de nos expressions les plus familières : « couper la poire en deux », « tomber dans les pommes », « ramener sa fraise »… Comme pour la plupart des locutions, leur origine se perd dans la nuit des temps. Il en existe pourtant une dont la genèse nous est parfaitement connue, car elle provient d'un épisode historique : « se battre pour des prunes ».

Nous sommes en 1142. En guerre contre le comte Thibaut II de Champagne, le roi de France Louis VII laisse son armée incendier l'église dans laquelle se sont réfugiés les habitants de la ville de Vitry-en-Perthois (actuel département de la Marne). Près de 1 300 personnes périssent dans les flammes. Gagné par le remords, le roi veut faire acte de pénitence et s'en confesse à l'abbé Bernard de Clairvaux. Ce dernier va attendre deux ans la bonne occasion qui permettra au roi de se racheter.

Le 23 décembre 1144, la ville d'Édesse, poste avancé des croisés en Syrie, est reprise par les musulmans après un massacre de Francs. Cette nouvelle soulève une grande émotion en Europe, et l'abbé de Clairvaux décide de prêcher une nouvelle croisade. À la différence de la première (qui avait abouti cinquante ans plus tôt à la prise de Jérusalem par les barons francs), celle-ci associerait le roi de France. L'ecclésiastique fait part de son projet à Louis VII, qui accepte aussitôt. Le 31 mars 1146, jour de Pâques, toute la noblesse française est convoquée à Vézelay. Bernard de Clairvaux plaide en faveur de la croisade et fixe solennellement une croix de drap rouge sur la poitrine du roi, le chargeant de libérer Édesse. C'est ainsi qu'après plus d'un an de préparatifs, accompagné de la reine Aliénor d'Aquitaine, le roi prend la route de la Terre sainte.

Première déconvenue : l'empereur byzantin Manuel Comnène refuse d'apporter son aide aux croisés, car il vient de conclure une paix avec les Turcs. Puis l'expédition de l'empereur germanique Conrad III, qui précédait les Français, subit, en octobre 1147, une lourde défaite contre les Turcs en traversant l'Anatolie. Le 6 janvier 1148, les deux armées réunies sont de nouveau vaincues à Pisidie, et embarquent pour Antioche.

Là-bas, les croisés sont accueillis par Raymond de Poitiers, oncle d'Aliénor. Le prince d'Antioche les attendait pour attaquer les Turcs à Alep et reprendre Édesse. Mais Louis VII, qui suspecte la reine d'adultère avec son oncle, préfère rejoindre Jérusalem. Sur place, la reine Mélisende convainc le roi et l'empereur germanique d'aller prendre Damas, qui constitue une menace majeure pour le royaume de Jérusalem. Le 24 juillet 1148, les croisés installent un siège, qui se solde par un échec total au bout de quatre jours. Résignés, les souverains décident de rentrer en Europe.

Cette deuxième croisade est un fiasco. De cette expédition désastreuse, les croisés ne rapporteront qu'une nouvelle variété d'arbres, découverts dans les vergers de Damas : des pruniers. D'où l'expression : « se battre pour des prunes ».

12.

Pourquoi la fleur de lys est-elle le symbole de la monarchie française ?

Si beaucoup de maisons royales européennes ont pour emblème un animal féroce tel que le lion, l'aigle ou le léopard, la monarchie française a choisi quant à elle une modeste fleur : le lys. Quelle est l'origine de ce symbole ?

Pour commencer, précisons que cet emblème appelé « fleur de lys » représente en réalité un iris jaune des marais. Il s'agit d'un emblème très ancien pour les souverains français, puisqu'il figurait déjà sur la partie supérieure du sceptre de Charles le Chauve, petit-fils de Charlemagne. L'origine de ce motif a alimenté quantité d'hypothèses.

Certains historiens affirment qu'il s'agirait d'une référence à la bataille de Vouillé en 507, par laquelle Clovis vainquit les Wisigoths et conquit le Midi. L'affrontement s'étant déroulé sur les bords d'une rivière bordée d'iris des marais, Clovis l'aurait ensuite fait reproduire sur ses bannières, en remplacement des crapauds ou des croissants – les récits médiévaux divergent sur ce point – qui les ornaient jusque-là.

Si cet iris fut appelé fleur de lys, c'est qu'en francique (la langue germanique des Francs) la plante avait pour nom *lisbloem* (*bloem* signifiant « fleur »). D'où la confusion.

La plus ancienne trace du mot « fleur de lys » remonte à 1160 et se trouve dans *Érec et Énide*, roman de Chrétien de

Troyes. C'est à cette époque que le roi Louis VII adopte ce symbole officiel de la monarchie française. Selon la légende, il aurait été sensible à la proximité phonétique du mot avec « fleur-de-Louis ».

D'autant qu'en ce milieu du XIIe siècle marqué par les croisades, le lys possède en France une dimension religieuse : l'Église voit en lui un attribut de la Vierge Marie, synonyme de pureté. Un vers du Cantique des Cantiques le mentionne : « *Tel est le lys entre les chardons, telle est ma bien-aimée entre les jeunes femmes.* » Dans l'iconographie religieuse, le lys blanc est représenté à côté de la Vierge ou de l'archange Gabriel lors de l'Annonciation.

Les trois pétales du symbole, quant à eux, évoquent la sainte Trinité : le Père, le Fils et le Saint-Esprit. À partir de Louis VII et de ses successeurs, ce motif floral devient l'emblème des rois de France, illustrant à merveille l'idée d'une monarchie de droit divin. La fleur de lys ornera dès lors les blasons, les vêtements royaux, les sculptures, les monnaies et même certains objets usuels des rois de France.

Notons enfin que la fleur de lys figure sur le drapeau du Québec, ancienne colonie française au temps de la monarchie et appelée alors « Nouvelle-France ». Créé en 1948, celui-ci est composé d'une croix blanche et de quatre fleurs de lys immaculées, ce qui les distingue du symbole capétien, qui est de couleur jaune.

13.

Pourquoi Philippe Auguste a-t-il ordonné de paver les rues de Paris ?

De tous les rois de France, c'est sans doute Philippe Auguste qui aura le plus marqué l'histoire de Paris. D'abord c'est lui qui, le premier, décida d'y fixer les archives royales, jusqu'alors itinérantes. Ensuite, il prit l'initiative d'élever en bord de Seine une forteresse munie d'un donjon, au centre d'une enceinte fortifiée, qui deviendra plus tard le palais du Louvre. Enfin, c'est à lui que la capitale doit le premier pavement de ses rues. Pourquoi ?

Au XIIe siècle, la voirie parisienne est dans un état lamentable. Depuis longtemps, l'ancien dallage gallo-romain a disparu sous une épaisse couche de terre et de boue, et les rues sont encombrées de détritus, qui se mélangent aux eaux usées. Après chaque averse, une odeur pestilentielle envahit la ville !

Un matin de 1185, tandis qu'il se trouve à Paris en son palais de la Cité, Philippe Auguste s'approche d'une fenêtre pour se distraire en regardant la Seine. Les chariots traversant le quartier remuent la boue et une telle puanteur s'en dégage que le roi ne peut plus y tenir. Écœuré, il ordonne aussitôt un chantier qu'aucun de ses prédécesseurs n'avait osé entreprendre en raison du coût et de l'énormité de la tâche : le pavement des rues de la capitale.

Convoquant les bourgeois et le prévôt de la ville, le souverain leur impose de paver à leurs frais et en pierres robustes toutes les rues et voies de la cité. Les travaux commencent l'année suivante. Le pavé est constitué de dalles de grès formant un carré d'environ un mètre quinze pour quinze à dix-huit centimètres d'épaisseur. Face à la cherté des travaux, les bourgeois montrent peu d'empressement et ne s'occupent que des rues adjacentes au palais royal, ainsi que des quatre voies traversant la cité du nord au sud et de l'est à l'ouest – ce qu'on appelait la « croisée de Paris » (soit les rues Saint-Jacques, Saint-Martin, Saint-Antoine et Saint-Honoré).

Quatre siècles plus tard, Henri IV accepte de financer lui-même les travaux de pavement, afin d'accélérer l'entreprise. Cet effort royal n'a qu'une influence limitée, puisque, sous son fils Louis XIII, seule la moitié des rues sont effectivement pavées.

À la fin du XIXe siècle, un nouveau type de revêtement est utilisé dans une grande partie de la capitale : les pavés en bois ! Réalisés avec du madrier de sapin, ils offrent l'avantage de résonner bien moins que les pavés en pierre au passage des chevaux. Ils sont cependant fort peu hygiéniques et nécessitent d'être lavés quotidiennement par des arroseuses municipales.

Lors de la grande crue de la Seine de 1910, les pavés en bois se détachent du sol et se mettent à flotter à la surface de certaines rues : ils sont remplacés par des pavés en pierre. Certes beaucoup plus coûteux, mais quasiment inusables, ces derniers feront le bonheur des étudiants de mai 1968, dont l'un des slogans sera : « *Sous les pavés, la plage* ».

Ces événements seront en quelque sorte le chant du cygne du pavé parisien, peu à peu supplanté par l'asphalte, à la fois moins cher et plus sûr. Neuf siècles après Philippe Auguste, le pavé ne tient plus le haut... du pavé !

14.

Pourquoi Saint Louis a-t-il imposé aux juifs le port d'une « étoile jaune » ?

Le 1er septembre 1941, un décret signé par Reinhard Heydrich, chef de l'Office central de la sécurité du Reich, impose à tous les juifs âgés de plus de six ans vivant en Allemagne le port d'une pièce de tissu jaune en forme d'étoile de David cousue sur leurs vêtements. Appliquée en France à partir de 1942, cette mesure constitue l'un des symboles les plus manifestes de l'antisémitisme nazi, aboutissant à l'odieuse « Solution finale ». On ignore souvent qu'une telle disposition avait déjà été appliquée sept siècles plus tôt par Saint Louis...

Présents en Europe depuis l'Antiquité, les juifs sont, au Moyen Âge, les seuls non-chrétiens à y être tolérés, en dehors des païens subsistant dans quelques rares régions du nord et de l'est. Avec les croisades, apparaissent les premiers pogroms contre les populations juives, perçues comme alliées des musulmans. En 1096, des milliers de juifs sont ainsi massacrés en Allemagne par des foules en partance pour la Terre sainte.

Au même moment, circulent des rumeurs accusant les juifs de se livrer à des crimes rituels et à des empoisonnements. Bien que l'Église les qualifie de « peuple déicide », elle interdit les exactions à leur encontre, cherchant à les protéger.

Aux XIIe et XIIIe siècles, l'essor des villes voit le développement de communautés juives exerçant les métiers d'artisan ou de commerçant. Sous prétexte de prévenir des unions mixtes entre chrétiens et juifs, l'Église catholique décide d'imposer à ces derniers un signe vestimentaire destiné à les distinguer du reste de la population, comme cela se pratique traditionnellement en terre d'islam.

En 1215, le concile de Latran IV recommande aux souverains chrétiens de contraindre leurs sujets juifs au port d'une étoffe de couleur jaune ou rouge, découpée en disque, cousue sur leurs vêtements à hauteur de poitrine. Baptisé « rouelle », ce symbole est censé représenter les pièces d'or que Judas a acceptées après avoir trahi Jésus. Cette stigmatisation est rapidement appliquée en Provence et en Languedoc, mais pas dans l'ensemble du pays.

En 1236, un juif converti au catholicisme, Nicolas Donin, écrit au pape Grégoire IX une lettre dans laquelle il affirme que le Talmud, le livre sacré des juifs, contient des injures contre le Christ et encourage la haine contre les chrétiens. Une bulle papale est alors émise, ordonnant une enquête et la confiscation des ouvrages. En conséquence, Louis IX (le futur Saint Louis) fait saisir en 1240 tous les exemplaires du Talmud existant à Paris. À l'issue d'un grand procès opposant rabbins et inquisiteurs chrétiens, mené notamment par Donin, le Talmud est décrété « livre infâme ». En 1242, tous les manuscrits hébreux de Paris, soit le contenu de vingt-quatre charrettes, sont brûlés en place publique.

À la suite de cet autodafé, l'attitude du roi de France se durcit à l'égard des juifs, qu'il considère désormais comme des ennemis de l'intérieur. Neuf ans plus tard, il décide de les bannir de France. Toutefois, comme l'usage est fréquent à l'époque, la mesure est reportée contre un versement d'argent au Trésor royal. Finalement, en 1269, Saint Louis impose aux juifs le port de la rouelle.

En 1306, son petit-fils Philippe le Bel décrétera l'expulsion des juifs de France, soit près de 100 000 personnes. Un grand nombre va trouver refuge dans le comtat Venaissin (une partie de l'actuel département du Vaucluse) et en Avignon, qui sont des domaines de la papauté. À Carpentras, une communauté construira la synagogue considérée aujourd'hui comme la plus ancienne de France.

15.

Pourquoi les papes sont-ils élus en conclave ?

Comme nous l'avons constaté en 2005 et 2013, l'élection d'un nouveau pape est un événement mondial. Par ses rituels, le secret absolu qui y règne, sans oublier l'enjeu considérable du scrutin, le conclave fascine. Rien de nouveau à cet égard, puisque dès le XVIIe siècle, un aristocrate allemand en voyage à Rome fit la gaffe savoureuse de confier au pape Alexandre VII que la seule chose qui lui restait à voir dans la Ville éternelle était un conclave et qu'il souhaitait prolonger son séjour dans cet espoir. Mais quelle est l'origine de ce mode d'élection ?

Le pape est l'évêque de Rome, ce qui justifie l'écrasante majorité d'élus italiens. Jusqu'au XIe siècle, le souverain pontife est élu par le clergé romain, avec la participation directe de la population de la ville et l'intervention des monarques européens – en premier lieu, l'empereur germanique. Pour mettre fin à ces ingérences, le pape Nicolas II promulgue en 1059 la bulle *In nomine Domini*, qui réserve le droit d'élire le souverain pontife aux seuls cardinaux évêques.

En 1179, Alexandre III, qui vient de mettre fin à un schisme de près de vingt ans, publie le décret *Licet de vitanda*, qui étend le droit de vote à tous les cardinaux et fixe la majorité des suffrages requis aux deux tiers. On ne parle pas encore de conclave. Mais un épisode assez rocambolesque va finir par l'imposer.

Le 29 novembre 1268, décède le pape Clément IV. Pour désigner son successeur, les cardinaux se réunissent dans la petite ville de Viterbe, au nord de Rome. Cependant, les électeurs ne parviennent pas à s'entendre sur le choix du nouveau pape. Après deux ans de débats infructueux, la population de Viterbe, excédée, décide de confiner les cardinaux dans le palais pontifical. Les accès sont murés, et les prélats réduits au pain sec et à l'eau. La situation demeurant bloquée, le toit du bâtiment est alors retiré pour exposer les participants aux intempéries.

Finalement, sous la pression du roi de France Philippe III, les électeurs acceptent qu'une commission de six prélats désigne le prochain souverain pontife. Le 1er décembre 1271, soit plus de trois ans après la mort de Clément IV, celle-ci choisit Tebaldo Visconti – pourtant ni cardinal ni même prêtre ! L'heureux élu accepte la tiare et prend le nom de Grégoire X.

Tirant les leçons de son élection, qui est restée la plus longue de l'Histoire, le nouveau pape décide d'une mesure drastique pour réformer la procédure. Le 7 juillet 1274, lors du concile de Lyon II, il promulgue la bulle *Ubi periculum*, qui fixe le principe de l'enfermement des cardinaux dans le palais pontifical durant la période de scrutin. Du latin *cum clave* signifiant « fermé à clé », le nouveau mode de scrutin prend le nom de « conclave ».

Les nouvelles règles (aménagées depuis) limitent à deux le nombre de servants de chaque cardinal, interdisent à ces derniers de sortir ou de communiquer avec l'extérieur, et préconisent de restreindre leur régime alimentaire après plusieurs jours de blocage. Si certaines de ces règles seront parfois contournées, l'instauration du conclave aura pour conséquence de réduire les manœuvres stratégiques lors de l'élection papale, ainsi que la durée du scrutin. Ainsi, le tout premier conclave suivant la mort de Grégoire X en 1276 se conclura en une seule journée !

16.

Pourquoi le roi de France Jean Ier n'a-t-il jamais régné ?

Beaucoup connaissent le roi de France Jean II, dit le Bon. Fait prisonnier par les Anglais au début de la guerre de Cent Ans, il fut le créateur de notre plus célèbre monnaie : le franc. Cependant, les esprits curieux auront remarqué qu'on ne trouve dans l'histoire de notre pays aucune trace du règne d'un roi nommé Jean Ier, même en remontant jusqu'aux Mérovingiens. Comment expliquer ce mystère ?

Il nous faut pour cela nous rendre au XIVe siècle. Le 5 juin 1316, le roi Louis X, fils de Philippe le Bel, meurt brutalement à l'âge de 26 ans, après un an et demi de règne. Le souverain aurait été victime d'une congestion, peut-être en buvant de l'eau ou du vin glacé après s'être échauffé lors d'une partie de jeu de paume. Pour la première fois depuis l'élection d'Hugues Capet, un roi de France meurt sans héritier masculin.

Décédée dans des circonstances mystérieuses un an avant lui, sa première épouse, Marguerite de Bourgogne, lui a seulement donné une fille, Jeanne, future reine de Navarre. Remarié ensuite avec Clémence de Hongrie, Louis X meurt alors que la reine est enceinte de cinq mois. Si la grossesse arrive à terme et qu'un garçon voit le jour, la succession sera sauvée. En attendant la naissance, c'est le frère du roi, le comte de Poitiers (futur Philippe V), qui assure la régence du royaume.

Le 15 novembre 1316, la reine Clémence accouche. Le miracle tant espéré se produit : c'est un garçon ! Il est aussitôt proclamé roi de France, sous le nom de Jean Ier, tandis que son oncle conserve le titre de régent durant la minorité de l'enfant. Malheureusement, Jean Ier ne survit que quatre jours et meurt le 19 novembre 1316. On le surnommera « Jean le Posthume ».

Son oncle Philippe lui succède, sa sœur ayant été écartée en raison d'une loi salique qui exclurait les femmes du royaume de France[1], mais surtout parce qu'on a des doutes sur sa légitimité : une décision qui va entraîner la France quelques années plus tard, à la mort du dernier fils de Philippe le Bel, dans un interminable conflit de succession.

Par la suite, diverses légendes circuleront sur Jean Ier. On a par exemple prétendu que Philippe V l'avait fait empoisonner pour s'assurer de récupérer la Couronne. De son côté, le roi Louis Ier de Hongrie fit répandre le bruit qu'à sa naissance, Jean Ier avait été échangé avec le fils de sa nourrice, né le même jour que lui, puis emmené secrètement à Sienne, où il fut élevé sous le nom de Jean de Guccio.

Quarante ans plus tard, durant la captivité de Jean le Bon, un homme prétendant être Jean Ier tente de faire valoir ses droits. Il bénéficie du soutien du gouvernement de Sienne et de Louis de Hongrie, qui met une armée à sa disposition. Fait prisonnier en Provence, l'imposteur meurt en captivité en 1363.

Jean Ier n'est pas le seul roi de France à n'avoir pas régné. En 1793, à la mort de Louis XVI, les émigrés royalistes proclament roi le fils du souverain, âgé de 7 ans, sous le nom de Louis XVII. Retenu prisonnier par les révolutionnaires,

---

1. Cf. *Les Pourquoi de l'Histoire*, vol. 1.

l'enfant décède deux ans plus tard. Comme pour Jean Ier, les mystères qui entourent sa mort donneront lieu à une série de légendes sur une possible substitution et plusieurs inconnus prétendront par la suite être le véritable Louis XVII. Si l'Histoire ne se répète jamais, elle a du moins parfois tendance à bégayer…

17.

Pourquoi la Bretagne doit-elle son célèbre beurre salé au roi Philippe VI ?

Le beurre salé est indissociable de la gastronomie bretonne. Appelé en breton *amann* (d'où le célèbre *kouign-amann*, signifiant simplement « gâteau au beurre »), il occupe depuis des siècles une place centrale dans la cuisine locale. Dans les mariages d'autrefois, on offrait des mottes de quarante ou cinquante kilos. Certes, son expansion fut facilitée par une grande production de lait et de sel marin. Cependant, le fameux beurre salé breton tient son succès à une décision royale de Philippe VI. Explications.

Au Moyen Âge, le beurre était très consommé dans le nord de la France. Contrairement à l'huile, qui ne se récolte qu'une fois par an et devient rance, il constitue une source de matières grasses plus accessible. D'autre part, le sel permettant de prolonger la conservation du lait, les paysans avaient coutume de transformer leurs excédents sous forme de beurre salé.

Au XIIIe siècle, Saint Louis, puis Philippe le Bel, instaurent une taxe provisoire sur le sel : la maudite « gabelle ». Par ses ordonnances de 1331 et 1343, le roi Philippe VI consacre cet impôt en taxe permanente, faisant du sel un monopole d'État. Sa vente se pratique uniquement dans les greniers royaux, avec obligation pour chaque famille d'acheter une quantité minimale de sel chaque année – ce que l'on nommera plus tard « le sel du devoir ».

Sous Jean le Bon, la gabelle sera considérablement accrue afin de payer la rançon du roi, prisonnier des Anglais. Or, parce qu'elle n'est pas encore rattachée au royaume de France, la Bretagne est exempte de gabelle. Le sel y coûte vingt fois moins cher que dans le Maine voisin, pays dit de « grande gabelle ».

En conséquence de ce statut privilégié, on continue à produire du beurre salé en Bretagne, tandis qu'on utilise du beurre doux dans le reste du royaume. Lorsque le territoire breton est enfin rattaché au royaume de France au XVIe siècle, c'est à la condition que ses privilèges, droits et coutumes demeurent inchangés. L'impôt sur le sel, si impopulaire partout ailleurs, ne lui sera donc jamais appliqué.

Évidemment, cette différence de prix génère une importante contrebande entre la Bretagne et les provinces limitrophes. Appelés « faux sauniers », ceux qui s'y livrent risquent la condamnation aux galères, voire la peine de mort. En 1675, la rumeur de l'imposition de la gabelle en Bretagne est à l'origine de la fameuse révolte des Bonnets rouges, ayant pour slogan : « Vive le Roi… sans gabelle et sans édits ! »

Impôt inique, la gabelle sera abolie le 1er décembre 1790, provoquant la ruine de milliers de familles bretonnes qui vivaient de la contrebande. Ce revers de fortune engendrera l'un des foyers de la chouannerie. Heureusement, la Bretagne ne renonça jamais à son beurre salé ! Quant aux bonnets rouges, ils ressortiront des armoires bretonnes en octobre 2013 pour marquer la rébellion contre une nouvelle imposition : l'installation des portiques de l'écotaxe.

18.

Pourquoi, en 1417, quatre papes se sont-ils disputé le trône de saint Pierre ?

Au cours de son histoire, l'Église aura connu de nombreux schismes. Le plus retentissant demeure celui de 1054, qui vit naître la fracture entre catholiques et orthodoxes. À la fin du Moyen Âge, une autre dissension divisa la chrétienté : le « Grand Schisme d'Occident ». Ce conflit long de cinquante ans opposa deux papes ainsi que leurs successeurs, chacun revendiquant la légitimité de son élection. Quand la discorde prit fin en 1417, trois, puis quatre papes se disputèrent le trône de saint Pierre !

En 1309, le pape d'origine française Clément V quitte une Rome en proie à la guerre civile et s'installe en Avignon[1]. Prévu pour être temporaire, cet exil sera le lot de six de ses successeurs, tous d'origine française. Finalement, en 1377, le pape Grégoire XI se décide à regagner l'Italie. À sa mort l'année suivante, sous la pression des Romains qui refusent un nouveau pape français et cognent aux portes du conclave, les cardinaux élisent Bartolomeo Prignano, archevêque de Bari, sous le nom d'Urbain VI.

Hostiles au nouveau souverain pontife, treize cardinaux, en majorité français, quittent Rome et invalident l'élection

1. Cf. *Les Pourquoi de l'Histoire*, vol. 1.

d'Urbain VI, arguant de la pression du peuple romain. Le 20 septembre 1478, ils procèdent à l'élection d'un nouveau pape à Agnani, au sud de Rome. Le Savoyard Robert de Genève est élu sous le nom de Clément VII et s'installe, comme ses prédécesseurs, en Avignon.

La chrétienté connaît alors deux papes : Urbain VI à Rome et Clément VII en Avignon. Alors en pleine guerre de Cent Ans, le roi de France Charles V prend le parti du pape d'Avignon, et le roi d'Angleterre celui d'Urbain VI. Les deux souverains pontifes s'excommunient mutuellement et émettent des « bulles » de croisade l'un contre l'autre. La mort d'Urbain VI en 1389 et celle de Clément VII cinq ans plus tard ne mettent pas fin au conflit, chacun disposant d'un successeur.

Durant près de trente ans, la chrétienté va se déchirer autour de ses représentants, tous deux soutenus par différents souverains au gré des intérêts nationaux. Pour reconstituer l'unité, le concile de Pise dépose en 1409 les deux papes de Rome et d'Avignon et en désigne un nouveau : Alexandre V. Mais celui-ci ne remporte pas l'unanimité. Ce sont donc désormais trois papes qui prétendent au trône de saint Pierre !

Finalement, en 1415, l'empereur germanique Sigismond, excédé par la situation, impose la convocation d'un nouveau concile à Constance. Le 11 novembre 1417, jour de la Saint-Martin, le collège des cardinaux décide de révoquer les trois papes et en élit un quatrième, Oddone Colonna, qui prend le nom de Martin V.

Avec cet unique souverain pontife, l'interminable dispute peut prendre fin. Néanmoins, le Grand Schisme d'Occident aura jeté un important discrédit sur l'Église, entraînant l'émergence de mouvements contestataires. Exactement cent ans plus tard, Martin Luther placardera sur la porte de l'église de Wittenberg ses 95 thèses, soit l'acte de naissance de la Réforme protestante.

19.

Pourquoi Byzance, Constantinople et Istanbul sont-elles une seule et même ville ?

Seule ville au monde située sur deux continents (l'Europe et l'Asie), Istanbul fut la capitale de trois empires : l'Empire romain, l'Empire byzantin et l'Empire ottoman. À l'instar de Saint-Pétersbourg ou de New York, l'actuelle première ville de Turquie a plusieurs fois changé de nom au cours de son histoire, tour à tour baptisée Byzance et Constantinople. Pour quelles raisons ?

L'histoire d'Istanbul débute en -667 lorsque des marins grecs de la cité de Mégare fondent une colonie à l'extrémité orientale du plateau de Thrace, à l'entrée du détroit du Bosphore séparant l'Asie de l'Europe. Le chef des Mégaréens, Byzas, va donner son nom à cette nouvelle colonie de Byzance. L'implantation est idéalement choisie, entre la mer Noire et celle de Marmara, laquelle débouche sur la mer Égée et la Méditerranée. Pourtant, Byzance ne se développe guère, en raison de son éloignement des cités grecques du Péloponnèse.

C'est durant la période romaine que la ville prend une place stratégique majeure, en raison de son rôle de carrefour entre l'Europe et l'Asie. Il faut dire qu'au IVe siècle, l'Empire romain doit faire face à deux risques d'invasion : les barbares germaniques au nord du Danube et les Perses qui menacent la rive est de la Méditerranée.

Andrinople, capitale de l'Empire ottoman. Il y découvre, entre autres, le supplice de l'empalement pratiqué par les Turcs.

Or il se trouve que, durant la détention de son fils, Vlad II est assassiné par les sbires de celui qui devient le nouveau prince de Valachie sous le nom de Vladislav II. Libéré en 1448, Vlad Tepes profite d'une courte absence de son rival pour s'emparer de la couronne de son père. Mais il ne parvient pas à la conserver et s'exile. En 1456, il finit néanmoins par reprendre le trône à Vladislav II, mort au combat. Désormais prince Vlad III, il règne pendant six années durant lesquelles, poussé par la vengeance, il élimine tous ceux qui avaient pris part au renversement de son père. N'hésitant pas à faire empaler les aristocrates, il instaure dans le pays un régime de la terreur, gagnant ainsi son surnom d'Empaleur.

Au début de l'année 1462, se sentant invincible, il mène une campagne militaire contre les Turcs, avec lesquels il est pourtant officiellement allié. Bénéficiant de l'effet de surprise, il leur inflige d'énormes pertes, ce qui provoque la fureur du sultan Mehmet II. En représailles, ce dernier décide d'annexer la Valachie en envoyant une armée trois fois supérieure à celle du prince.

Submergé par l'ennemi, Vlad III lance une effroyable politique de « terre brûlée ». Lorsque les troupes ottomanes atteignent la forteresse de Targoviste où il s'est réfugié, Mehmet II découvre aux portes de la ville les corps de centaines de prisonniers turcs empalés – 20 000 selon la légende ! Saisi d'effroi, le sultan bat en retraite. Préférant la fine diplomatie, il réussit ensuite à convaincre l'autre fils de Vlad II, Radu, de chasser son frère du trône. Le plan réussit en août 1562. Réfugié en Transylvanie, Vlad III est finalement arrêté par le roi de Hongrie, Mathias Corvin.

Le prince déchu restera emprisonné douze années à Budapest. Il profitera de cette seconde détention pour épouser la sœur du roi de Hongrie, avant d'être libéré et de regagner la Valachie, où il régnera de nouveau après la mort de son frère. À la fin de l'année 1476, il meurt au combat lors d'une nouvelle campagne militaire contre les Turcs. Sa tête est envoyée au sultan à Constantinople, qui la fixera à une perche en guise de trophée. Ainsi s'achève le destin du vrai Dracula… sans pieu enfoncé dans le cœur.

21.

Pourquoi la rose est-elle l'emblème de l'Angleterre ?

Chaque année, lors du tournoi de rugby des Six Nations, on peut voir les emblèmes des quatre composantes du Royaume-Uni. Le pays de Galles arbore un poireau, un chardon désigne l'Écosse, l'Irlande est représentée par un trèfle. Enfin, l'emblème de l'équipe d'Angleterre n'est pas le lion, comme au football, mais une rose rouge. Cela nécessite une explication !

En 1453 s'achève la guerre de Cent Ans. Elle signe pour les Anglais la perte de toutes leurs possessions françaises, à l'exception de Calais. Le roi d'Angleterre est alors Henri VI, de la maison des Lancastre, qui a succédé aux Plantagenêt. À l'instar de son grand-père (le roi de France Charles VI), le souverain anglais souffre d'accès de démence et doit être suppléé dans la gestion du royaume par sa femme, Marguerite d'Anjou. Or cet effacement favorise les plus vives contestations.

Deux factions ennemies ne tardent pas à se constituer : l'une favorable au souverain, menée par Edmond Beaufort, duc de Somerset, et l'autre menée par le duc d'York, Richard, cousin du roi, qui prétend à la Couronne. Pour symboliser leur opposition, chaque clan a choisi une rose de couleur différente : rouge pour les Lancastre et blanche pour la maison d'York. La guerre des Deux-Roses éclate en 1455.

Battu et capturé à Saint-Albans le 22 mai 1455, Henri VI est contraint de reconnaître Richard d'York comme son héritier légitime. La reine, qui ne l'entend pas ainsi, reprend les hostilités. Le 30 décembre 1460, le duc d'York est tué lors de la bataille de Wakefield. Sa tête, coiffée d'une couronne de papier, est exhibée aux portes de la ville d'York.

Mais Édouard d'York, son fils aîné, lui succède immédiatement dans ses ambitions. Le 29 mars 1461, les troupes royales sont écrasées à Townton, Henri VI et son épouse doivent se réfugier en Écosse. Disposant du soutien populaire, leur ennemi en profite pour se faire couronner nouveau roi d'Angleterre à Westminster, sous le nom d'Édouard IV. En juin 1465, le roi déchu est capturé et transféré à la Tour de Londres.

Cependant, cinq ans plus tard, c'est au tour d'Édouard IV d'être chassé de Londres par le comte de Warwick, qui rétablit Henri VI sur le trône. Celui-ci ne s'y maintient que quelques mois, déposé de nouveau par Édouard, revenu en Angleterre grâce à l'aide de Charles le Téméraire. Quelques jours plus tard, Warwick est tué sur le champ de bataille et Henri VI assassiné dans sa cellule.

Et ce n'est pas fini ! Le conflit rebondit à la mort d'Édouard IV le 9 avril 1483. Son fils aîné, qui n'a que 12 ans, est placé avec son frère cadet sous la tutelle de leur oncle, le duc Richard de Gloucester, doté du titre de Protecteur du royaume. Ce dernier s'empresse de les déclarer illégitimes et les fait enfermer dans la Tour de Londres, où ils seront retrouvés assassinés quelques semaines plus tard…

Entre-temps, leur oncle s'est fait proclamer roi par le Parlement sous le nom de Richard III. Mais, le 7 août 1485, il affronte le débarquement d'une armée conduite par Henri Tudor, héritier de la maison Lancastre. Le 22 août, il est tué à Bosworth et son rival monte à son tour sur le trône sous le nom d'Henri VII Tudor. C'est la fin de la guerre des Deux-Roses !

Pour sceller la réconciliation, Henri VII épouse Élisabeth d'York, fille d'Édouard IV, et à cette occasion est créée la « rose Tudor », rouge à cœur blanc, qui devient l'emblème floral héraldique de l'Angleterre.

Et qui, en 1871, sera adoptée par la nouvelle Fédération anglaise de rugby, sur la suggestion de deux membres du comité originaires du comté de Lancastre (Lancashire)...

22.

POURQUOI UN PEINTRE DE LA RENAISSANCE A-T-IL DONNÉ SON NOM AU CARPACCIO ?

Avec les pâtes, la pizza, l'escalope milanaise, l'osso buco, le tiramisu ou la panna cotta, le carpaccio est l'un des mets les plus réputés de la gastronomie italienne. Composé de fines tranches de bœuf cru, assaisonnées d'un filet d'huile d'olive et de jus de citron, ce plat connaît un tel succès qu'il se déguste désormais jusque dans les plus grands restaurants, décliné parfois en carpaccio de Saint-Jacques, de saumon, de thon ou d'ananas. Mais sait-on encore que ce plat porte le nom d'un peintre italien de la Renaissance, injustement oublié, Vittore Carpaccio ?

Né vers 1460 et mort aux alentours de 1526, Vittore Carpaccio, de son vrai nom Scarpazza, est issu de l'école vénitienne de peinture. Émule de Gentile Bellini, il est l'un des premiers artistes à représenter des paysages urbains, notamment avec son *Miracle de la relique de la Croix*, inaugurant un genre qui prospérera au XVIIIe siècle sous le nom de *vedute*.

Ses œuvres narratives se présentent le plus souvent comme des suites, telles que le cycle de la *Scuola degli Schiavoni*. Parmi les plus importantes, on peut citer la *Légende de sainte Ursule*, réalisée vers 1490 et composée d'une série de neuf toiles racontant l'histoire d'une princesse bretonne fiancée à un prince d'Angleterre et tuée à Cologne par les Huns, au retour d'un pèlerinage.

Dans la dernière partie de sa vie, Carpaccio réalise un certain nombre de retables d'autel. Le plus important est *Crucifixion et apothéose des dix mille martyrs du mont Ararat*, qui renvoie à un épisode violent de l'Antiquité : des milliers de soldats romains combattant en Arménie sont crucifiés par leur empereur pour s'être convertis au christianisme. Cette œuvre de commande dénonce l'alliance qu'est en train de conclure l'empereur du Saint Empire Maximilien avec les Turcs, aux dépens de Venise.

Maître dans l'organisation de la perspective et des ornements fouillés, Carpaccio brille aussi par son incroyable technique dans la maîtrise des couleurs. Il possède sur sa palette un rouge pourpre très personnel, semblable à la couleur du sang, qu'il utilise abondamment dans ses toiles pour colorer les tentures, les toges ou les étoffes.

En 1950, Giuseppe Cipriani est propriétaire du Harry's Bar, un établissement vénitien fondé en 1931 et fréquenté par des personnalités illustres comme l'écrivain américain Ernest Hemingway. Pour contenter une prestigieuse cliente, la comtesse Amalia Mocenigo à qui le médecin a interdit la viande cuite, le restaurateur invente une entrée à base de fines lamelles de bœuf cru.

Or, au même moment, une rétrospective est consacrée à l'œuvre de Carpaccio dans la cité des Doges. Et le rouge distinctif du peintre rappelle beaucoup celui du bœuf cru… Impressionné par une toile intitulée *La Prédication de saint Étienne à Jérusalem*, Cipriani décide de baptiser son plat le « carpaccio ». Il est loin de se douter qu'il vient lui-même de créer un classique !

23.

Pourquoi Christophe Colomb a-t-il été sauvé par une éclipse ?

Ceux qui ont lu l'album de Tintin intitulé *Le Temple du Soleil* (paru en 1949) se souviennent de la scène finale : Tintin, le capitaine Haddock et le professeur Tournesol sauvés du bûcher inca par une éclipse solaire. Lorsque les Incas lui demandent de choisir le jour et l'heure de sa mort, Tintin fixe ce moment fatidique grâce à une information lue dans le journal. Au risque de décevoir ses admirateurs, ce dénouement n'est pas né de l'imagination prolifique d'Hergé. Il s'inspire en grande partie d'un fait réel, qui sauva la vie de Christophe Colomb aux Amériques. En voici le récit.

Le 12 octobre 1492, après deux longs mois de traversée, Christophe Colomb débarque sur une île des Bahamas. Se croyant parvenu aux Indes, il ignore qu'il vient d'accoster près d'un nouveau continent. De retour en Espagne en mars 1493, l'explorateur décide de repartir quelques mois plus tard avec 17 caravelles et 1 200 hommes. Il découvre à cette occasion la Dominique, la Guadeloupe, la Jamaïque, Haïti et Porto Rico, avant de rentrer à Séville en 1496. Au cours de son troisième voyage, en 1498, il explore pour la première fois les côtes du continent sud-américain, dans l'actuel Venezuela.

Rentré en Espagne en 1500, il se lance deux ans plus tard dans une quatrième expédition. Après avoir quitté Cadix avec quatre caravelles, Colomb rallie l'extrême ouest des Antilles, jusqu'au littoral du Honduras et de Panama. Et c'est en juin 1503, victime de la malaria, qu'il s'échoue sur les côtes jamaïcaines. Incapable de repartir, l'équipage est contraint d'attendre les secours.

Le temps passant, une partie des hommes décide de se mutiner et prend la fuite après avoir dérobé les réserves de nourriture. À court de vivres, Christophe Colomb se tourne vers les indigènes de l'île, les indiens Caraïbes. Mais ceux-ci refusent de l'approvisionner. Menacé de famine, l'explorateur consulte les éphémérides – dont il se servait pour calculer sa position – et s'aperçoit qu'une éclipse totale de lune aura lieu quelques jours plus tard, le 29 février 1504. Il a alors une idée géniale.

Le jour de l'éclipse, il convoque tous les habitants de l'île et, à l'aide d'un interprète, leur annonce que s'ils ne lui viennent pas en aide, la lune disparaîtra le soir même. Les indigènes refusent bien sûr de le croire. Mais, la nuit venue, ils assistent sidérés à ce phénomène extraordinaire et ravitaillent aussitôt cet étranger aux pouvoirs surnaturels. La ruse permettra à Colomb de survivre jusqu'à l'arrivée des secours, quatre mois plus tard.

Le 7 novembre 1504, Christophe Colomb débarque sans gloire en Espagne, quelques jours avant la mort de la reine Isabelle la Catholique. Le plus célèbre explorateur de l'Histoire, qui se rendit aussi coupable de cruelles exactions envers les indigènes, meurt à son tour le 20 mai 1506 à Valladolid, dans la misère et l'indifférence.

24.

Pourquoi a-t-on donné à tort le nom d'« Amérique » au Nouveau Monde ?

Nous savons que Christophe Colomb ne fut pas le premier découvreur de l'Amérique[1]. Son voyage de 1492, cependant, fera date : pour de nombreux historiens, il marque la fin du Moyen Âge et le début de l'époque moderne. Mais un autre navigateur tira bénéfice de la « découverte », donnant son nom à un continent vaste de 42 millions de kilomètres carrés et couvrant presque un dixième de la surface du globe : Amerigo Vespucci. Et cela uniquement à cause d'un moine de Saint-Dié, dans les Vosges…

Rien ne prédestinait Amerigo Vespucci à devenir navigateur. Originaire de Florence et issu d'une riche famille, il ne tarde pas à se lancer dans les activités commerciales. En 1491, il est envoyé à Séville pour devenir l'agent de la célèbre famille des Médicis. Ce faisant, il entre en contact avec le banquier Berardi, financier de plusieurs expéditions maritimes espagnoles. Chez lui, Vespucci fait la connaissance de Christophe Colomb, qui l'incite à étudier la navigation et la cartographie.

Avec le soutien du banquier, Vespucci va même affréter des navires pour les deux voyages suivants de Colomb. Mais,

1. Cf. *Les Pourquoi de l'Histoire*, vol. 1.

à l'issue du troisième voyage en 1498, des troubles survenus sur l'île d'Hispaniola valent à l'explorateur gênois la disgrâce de l'Espagne. Un ancien équipier de Colomb, Alonso de Ojeda, décide de se lancer dans l'aventure pour son propre compte. Il réunit quatre navires et convainc Vespucci de l'accompagner.

Le premier voyage de Vespucci vers l'Amérique se déroule entre mai 1499 et juin 1500. Un an après Colomb, Vespucci et Ojeda atteignent le continent sud-américain et découvrent l'embouchure de l'Amazone. Plus au nord, inspirés par les maisons sur pilotis des indigènes, ils baptisent le site *Venezziola* (petite Venise), ce qui donnera plus tard le Venezuela.

Vespucci en revient malade, mais porteur de quatorze perles naturelles qui lui rapporteront 1 000 ducats. Enhardi et croyant avoir atteint la côte orientale de l'Asie, il arme une nouvelle expédition dans l'espoir d'atteindre l'océan Indien. En 1501, le gouvernement espagnol refusant de financer son voyage, l'explorateur se met au service du Portugal.

Lors de son second voyage, Vespucci aurait atteint le Brésil, un an après le Portugais Cabral. Le Florentin relate ses voyages à l'ouest de l'Atlantique dans des lettres adressées aux Médicis, où il n'hésite pas à se mettre en valeur. L'une d'elles, opportunément titrée « *Mundus Novus* » (Nouveau Monde), rencontre un véritable succès, grâce à des anecdotes croustillantes sur la vie sexuelle des indigènes. Traduite en plusieurs langues, elle circule dans toute l'Europe, octroyant à Vespucci une large renommée.

En 1507, alors que Christophe Colomb est mort l'année précédente dans l'indifférence générale, une copie de la lettre de Vespucci parvient au cénacle que le duc René II de Lorraine a réuni à Saint-Dié (Vosges). Il est question de mettre à jour la géographie de Ptolémée et d'établir un atlas où figurerait le Nouveau Monde. Chargé de la cartographie, un moine nommé Martin Waldseemüller publie, le 25 avril, un planisphère où apparaît pour la première fois le nouveau continent, baptisé *America* en l'honneur du « découvreur ». Ce document est tiré à des milliers d'exemplaires.

Six ans plus tard, informé de l'erreur, Waldseemüller tentera de mettre sa carte à jour en ne mentionnant que le seul nom de Colomb. Mais il est déjà trop tard et le nom d'Amérique restera !

25.

Pourquoi la Suisse est-elle un pays neutre ?

Aucun État au monde n'incarne mieux la notion de neutralité que la Suisse. Ce principe régit la politique extérieure de la Confédération depuis des siècles. Refusant de s'impliquer dans les conflits européens ou mondiaux, le pays tient tant à sa spécificité que, jusqu'en 2002, il n'était pas membre de l'ONU. Quelle est l'origine de cette neutralité ?

Paradoxalement, la neutralité n'a pas été choisie par la Suisse, mais lui a été imposée… en raison de ses compétences militaires ! À la fin du Moyen Âge, parvenus à arracher leur indépendance par les armes, les Suisses sont devenus les meilleurs soldats d'Europe. Redoutables et disciplinés, ils sont recrutés comme mercenaires par nombre de souverains. En quelques jours, les cantons sont capables de lever des dizaines de milliers de fantassins, terrorisant l'ennemi avec leurs longues piques et le son lugubre de leurs trompes de berger.

Or les 13 et 14 septembre 1515, à Marignan, au terme d'une bataille jugée comme la plus meurtrière en Europe depuis l'Antiquité, l'armée de François Ier réalise l'exploit de battre ces redoutables voisins. Alors au zénith de son prestige, le roi de France conclut ainsi avec les cantons suisses, le 29 novembre 1516, le traité de Fribourg. Cet accord de

« Paix perpétuelle » impose aux Suisses de ne plus jamais combattre contre la France et de ne plus fournir de mercenaires à ses adversaires. Désormais, seule la France et la papauté pourront faire appel aux soldats suisses, qui seront utilisés pour la garde personnelle des souverains.

Le traité de Fribourg pose ainsi les bases de la neutralité de la Confédération qui, durant deux siècles et demi, n'intervient plus dans aucun conflit européen : les différends qui l'opposent à la France se règlent pacifiquement, devant un tribunal d'arbitrage. Mais, en 1798, l'accord est rompu : le Directoire envahit la Confédération et impose la formation d'une République helvétique. Sous le Consulat, l'Acte de médiation la place sous protectorat de la France, et c'est ainsi que la Suisse se voit contrainte de fournir des contingents à l'armée impériale, notamment en 1812 pour la campagne de Russie.

Finalement, elle retrouve son indépendance à la chute de l'Empire. Le 20 mars 1815, lors du congrès de Vienne, sa neutralité est reconnue par toutes les puissances européennes, ainsi que l'inviolabilité de son territoire. De son côté – tel qu'a été défini le principe de sa neutralité lors de la conférence de La Haye de 1907 – la Suisse s'engage à ne prendre part, directement ou indirectement, à aucun conflit militaire et à ne disposer d'une armée que pour assurer sa propre sécurité. Seul l'engagement humanitaire est toléré.

À l'instar de la Suisse, d'autre pays européens appliquent aujourd'hui ce même principe de neutralité : la Suède (depuis 1815), l'Irlande (depuis 1948), la Finlande (depuis 1948 également) et l'Autriche (depuis 1955).

26.

Pourquoi Magellan n'a-t-il pas vraiment fait le tour du monde ?

Christophe Colomb et Fernand de Magellan sont les deux plus célèbres explorateurs du siècle des grandes découvertes. Pourtant, aucun d'entre eux n'a réalisé l'exploit que l'Histoire lui attribue. Car si Colomb n'est pas à proprement parler le découvreur du continent américain[1], Magellan n'a quant à lui jamais achevé ce premier tour du monde dont on le gratifie. Revenons sur les faits.

Portugais, Magellan rêve d'accomplir le projet inachevé de Christophe Colomb : atteindre les Indes par l'ouest, en contournant le continent américain. Après avoir perdu les faveurs du roi de Portugal Emmanuel Ier, l'explorateur s'adresse en 1518 au roi d'Espagne, Charles Ier. Le futur Charles Quint accepte de financer une expédition vers les riches îles des Moluques, dans l'actuelle Indonésie. Le 19 septembre 1519, cinq caravelles – la *Trinidad*, la *San Antonio*, la *Conceição*, la *Santiago* et la *Victoria* – quittent Séville avec à leur bord 265 marins et prennent la direction de l'ouest.

Après une première escale aux Canaries, les navires traversent l'Atlantique et longent le continent américain vers

1. Cf. *Les Pourquoi de l'Histoire*, vol. 1.

le sud. En explorant la côte à la recherche d'un détroit, la *Santiago* fait naufrage. Mais, le 21 octobre 1520, Magellan découvre le passage tant espéré, à l'extrémité du continent. Il sera baptisé, en son hommage, « détroit de Magellan ».

La traversée du détroit prend trente jours. Apercevant sur la rive sud de nombreux feux de chauffage allumés par les indigènes, les marins nomment cette île la « Terre de Feu ». Le 28 novembre, Magellan débouche sur un nouvel océan, qu'aucun Européen n'avait sillonné avant lui. Cette immense masse d'eau effraie l'équipage, au point que la *San Antonio* préfère rentrer en Espagne ! Heureusement, cet océan inconnu se révèle des plus calmes, ce qui lui vaut le nom d'« océan Pacifique ».

Plus de trois mois s'écoulent avant que les caravelles retrouvent la terre, le 6 mars 1521, en débarquant dans l'archipel des Mariannes. En butte à la malnutrition, l'équipage est ravagé par le scorbut, qui cause la mort de vingt hommes. Quelques jours plus tard, la flotte de Magellan atteint l'île de Cebu, dans l'archipel des Philippines, où elle peut enfin se ravitailler. Au lieu de faire route directement vers les Moluques, Magellan préfère explorer les îles de la région, s'étant fixé pour mission de convertir les indigènes au catholicisme.

À Cebu, il baptise ainsi le roi de l'île et 800 de ses sujets. Mais il commet l'imprudence de s'immiscer dans les conflits locaux, en participant à une expédition punitive contre le roi de l'île voisine. Et, le 27 avril 1521, il tombe dans une embuscade avec huit de ses hommes. Atteint par une flèche empoisonnée, l'explorateur décède de ses blessures, privant l'expédition de son chef. Les commandants suivants révèlent leur incompétence et deux autres caravelles sont abandonnées. Un ancien bagnard basque, Juan Sebastian del Caño, prend le commandement du dernier navire, la *Victoria*. Il traverse l'océan Indien et parvient à regagner l'Espagne le

6 septembre 1522, après avoir contourné l'Afrique. Il n'a plus à bord avec lui que dix-huit hommes, mais ramène suffisamment d'épices pour rendre l'entreprise rentable.

C'est en réalité del Caño qui sera parvenu à accomplir le premier tour du monde de l'Histoire et il sera anobli par l'empereur Charles Quint. Mais un simple marin, ex-bagnard de surcroît, n'avait sans doute pas le pedigree requis pour demeurer dans les annales officielles…

27.

Pourquoi le premier nom de New York a-t-il été... Angoulême ?

En un siècle, les Français sont parvenus à marquer leur présence en Amérique du Nord. Aujourd'hui encore, un grand nombre de villes des États-Unis, et non des moindres, portent des noms français ou à consonance française. Et cette influence ne s'est pas uniquement concentrée sur la Louisiane et les territoires de la Nouvelle-France. Ainsi, le premier nom de la ville de New York fut Angoulême. Retour sur cette période méconnue de l'histoire de la *Big Apple*.

Au début du XVIe siècle, la découverte du Nouveau Monde par les navigateurs espagnols et portugais suscite l'intérêt du roi de France, François Ier. En 1523, un an après le premier tour du monde de Magellan et del Caño, le souverain français engage l'explorateur florentin Giovanni da Verrazano. Il lui fixe pour mission de découvrir une voie maritime permettant de gagner l'Asie des épices en contournant le continent américain par le nord-ouest. En juin, Verrazano appareille de Dieppe avec un équipage normand et une caravelle, *La Dauphine*, financée par l'armateur Jean Ango.

Le 1er mars 1524, il atteint la côte nord-américaine au niveau de Cape Fear (actuelle Caroline du Nord). C'est une première pour un Européen. Il remonte vers le nord et, le

17 avril, aperçoit un fleuve qu'il nomme « Grande Rivière » (futur Hudson). À son embouchure, où naîtra plus tard la ville de New York, il débarque dans une baie qu'il baptise « Terre d'Angoulême » en l'honneur du roi de France, ex-duc d'Angoulême.

Poursuivant sa route jusqu'à Terre-Neuve, Verrazano découvre l'embouchure du Saint-Laurent. Il nomme cette vaste zone *Nova Gallia*, qui deviendra plus tard la Nouvelle-France. Finalement, le navigateur rentre en France sans avoir découvert le passage du nord-ouest. Il trouvera la mort quatre ans plus tard au cours d'une expédition aux Antilles, dévoré par des cannibales.

François Ier reporte alors ses espoirs sur Jacques Cartier. Ce dernier échoue à son tour, mais parvient à remonter le Saint-Laurent sur plus de 1 000 kilomètres, découvrant ainsi le Canada. Durant presque un siècle, les expéditions européennes en Amérique du Nord vont cesser. Et sur toutes les cartes du Nouveau Monde, la baie de l'actuelle ville de New York sera désignée sous le nom d'« Angoulême » ou « Nouvelle-Angoulême ».

En 1609, Henry Hudson, un navigateur anglais au service de la Compagnie néerlandaise des Indes occidentales, repart à la recherche du passage du nord-ouest. Il remonte sur une centaine de kilomètres la « Grande Rivière », à laquelle il laissera son nom, et prend possession de la région au nom des Provinces-Unies. Au cours des années suivantes, les Hollandais créent des comptoirs à l'embouchure de l'Hudson, fondant en 1624, sur l'île de Manhattan, une colonie permanente baptisée cette fois Nouvelle-Amsterdam. En 1664, les Anglais conquièrent la colonie hollandaise et la Nouvelle-Amsterdam, à qui ils donnent le nom de Nouvelle York (New York), en hommage au duc d'York, frère du roi Charles II et futur Jacques II.

En 1964, le pont suspendu reliant Brooklyn à Staten Island (un des plus longs du monde) sera baptisé pont Verrazano, comme un juste retour au premier découvreur européen.

28.

Pourquoi, durant l'hiver 1543, la cathédrale de Toulon a-t-elle été transformée en mosquée ?

Le 16 juillet 1926, dans le quartier du Jardin des Plantes, le président de la République Gaston Doumergue inaugurait la Grande Mosquée de Paris, en présence du sultan du Maroc Moulay Youssef. Érigée en hommage aux soldats musulmans morts durant la Première Guerre mondiale, elle était le premier lieu de culte islamique construit en France métropolitaine. Si l'on excepte la mosquée qui avait vu le jour à Toulon, quatre siècles plus tôt… Explications.

Si en 1515 François Ier a commencé son règne en fanfare avec la triomphale victoire de Marignan, il subit sa première déconvenue en 1519, lorsque son rival Charles Ier d'Espagne est élu, à ses dépens, empereur du Saint Empire. Désormais appelé Charles Quint, celui-ci devient maître d'un immense empire comprenant l'Espagne, l'Autriche, les Pays-Bas, le royaume de Naples, ainsi que les colonies d'Amérique. Le royaume français se retrouve pris en tenaille entre les possessions impériales.

Tentant de nouer une coalition contre son rival, François Ier organise, en 1520, une rencontre fastueuse avec Henri VIII. La manœuvre tourne au fiasco ! Car le roi d'Angleterre choisit de s'allier avec Charles Quint. Pire, le

25 février 1525, profitant des troubles causés par la Réforme dans l'Empire germanique pour tenter de reprendre le Milanais, François Ier est fait prisonnier à la bataille de Pavie.

Le royaume risque d'être dépecé par Charles Quint et ses alliés. Essayant de prendre son rival à revers, François Ier sollicite l'aide du sultan Soliman II le Magnifique, dont les armées menacent à l'est l'empire des Habsbourg. Après avoir reçu une ambassade turque à Châtellerault, le roi français signe, le 4 février 1536, un traité d'alliance avec Soliman.

Appelé « Capitulations », cet accord offre aux navires français le monopole du commerce avec les Ottomans et confère à François Ier la protection des lieux saints et des chrétiens d'Orient. Des opérations militaires conjointes entre le royaume de France et l'Empire ottoman vont ainsi être menées un peu partout en Europe.

En août 1543, les forces françaises, dirigées par François de Bourbon, et les forces ottomanes, commandées par le célèbre corsaire Barberousse, se retrouvent à Marseille et s'entendent pour bombarder la ville de Nice, alors possession de la Maison de Savoie, alliée de Charles Quint. Les galères franco-ottomanes dévastent la ville, mais rencontrent une farouche résistance. Après trois semaines de siège infructueux, François Ier propose à ses alliés musulmans de passer l'hiver à Toulon. Barberousse accepte et, sur ordre du roi, la ville se voit vidée de ses habitants afin d'être mise à disposition de l'armée ottomane.

Au cours de l'hivernage de Barberousse, la cathédrale de Toulon est transformée en mosquée, avec le rituel appel à la prière, cinq fois par jour. On surnomme même la ville « la petite Constantinople ». Les Ottomans l'utilisent comme base arrière pour attaquer les côtes espagnoles et italiennes, avant de quitter la ville en mai 1544.

Constituant une première, cette alliance franco-ottomane est vivement critiquée dans le reste de l'Europe. Qualifiée d'« alliance impie », ou d'« union sacrilège de la fleur de lys et du croissant », elle perdurera toutefois jusqu'à la campagne d'Égypte de Bonaparte.

29.

Pourquoi Charles Quint a-t-il assisté à ses propres funérailles ?

En 2014, l'Institut belge pour la Sécurité routière (IBSR) a réalisé un spot publicitaire destiné à bousculer la sensibilité des automobilistes. On pouvait y voir des conducteurs imprudents assistant à leur propre enterrement, tandis que leurs proches, émus aux larmes, les suppliaient de rouler moins vite. L'empereur Charles Quint (qui, d'ailleurs, est né en Belgique) eut le même privilège, presque cinq siècles plus tôt. Pourquoi ?

Alors qu'il cultivait le dessein de restaurer l'empire de Charlemagne, Charles Quint a multiplié les échecs. À la fin de son règne, un implacable sentiment de désillusion et d'amertume s'empare de lui. Occupé à lutter contre son grand rival François Ier dans les guerres d'Italie, et contre les Turcs qui ont mis le siège devant Vienne, sa capitale, il n'a en outre pas réussi à endiguer la diffusion de la Réforme protestante.

Incapable de mettre fin à la guerre civile et religieuse qu'elle a entraînée au sein de l'empire, il a dû convoquer en 1555 une « diète » à Augsbourg. À l'issue de cette assemblée, le catholicisme et le luthéranisme sont placés sur un pied d'égalité dans l'empire, et les princes allemands se voient accorder la liberté de choisir leur religion. Nouvelle désillusion pour Charles Quint ! À la fois malade et usé, il décide d'abdiquer à l'âge de 55 ans.

Le 25 octobre 1555, dans la grande salle du château de Bruxelles, devant les États généraux des Pays-Bas et les ambassadeurs et représentants d'une grande partie de l'Europe, l'empereur abdique officiellement et se dessaisit des États bourguignons en faveur de son fils Philippe – ce dernier deviendra également, quelques mois plus tard, roi d'Espagne, sous le nom de Philippe II. Il cède à son frère Ferdinand les États autrichiens et le titre d'empereur d'Allemagne. Son empire désormais partagé entre ses successeurs, Charles Quint se retire dans le monastère de Yuste, en Estrémadure (à l'est de l'Espagne), où une maison est aménagée pour lui.

En août 1558, voyant la mort venir, l'empereur déchu aurait décidé d'organiser ses propres funérailles, afin de pouvoir y assister de son vivant. Sans doute a-t-il été impressionné par un service funèbre commandé un peu plus tôt en l'honneur de ses parents et de son épouse défunte. Au milieu de la grande chapelle, se dresse donc un catafalque entouré de cierges, tandis que tous les serviteurs se réunissent en habit de deuil. Arrive Charles Quint, vêtu de noir et un cierge à la main, qui vient prier pour son propre repos.

On raconte qu'à l'issue de cette cérémonie macabre où l'assistance pleura beaucoup, l'empereur serait allé se réchauffer d'un déjeuner en plein soleil et qu'il y aurait attrapé une insolation. Quelques semaines plus tard, le 21 septembre 1558, Charles Quint meurt pour de bon. On lui organise de nouvelles funérailles dans le couvent et des honneurs funèbres lui sont rendus dans tous les États qu'il a gouvernés.

Lorsque, dans son histoire de *La Maison de Savoie*, Alexandre Dumas commentera cette étonnante anecdote, il conclura par cette phrase : « *C'est une bien belle chose que l'Histoire ! Aussi, ne nous jugeant pas digne d'être historien, nous sommes-nous fait romancier.* »

30.

POURQUOI DIT-ON : « METTRE À L'INDEX » ?

De nos jours encore, lorsqu'une œuvre ou une pratique est interdite ou proscrite, les médias emploient souvent l'expression de « mise à l'index ». Mais on a du mal à saisir le rapport entre le sens initial de la formule et le deuxième doigt de la main. En réalité, il faudrait écrire le terme « index » avec un *i* majuscule. En voici la raison.

En latin, le mot *index* signifie : « celui qui montre, indique ou dénonce ». Au XVIe siècle, pour tenter d'enrayer la propagation de la Réforme protestante, les autorités religieuses catholiques interdisent la publication de livres jugés subversifs. En 1544, la faculté de théologie de Paris recense 230 ouvrages dans une liste intitulée : *Index librorum prohibitorum* (Index des livres interdits). Outre les écrits des théologiens protestants, on y trouve des œuvres littéraires qualifiées d'obscènes, telles que *Pantagruel* et *Gargantua* de Rabelais.

Or, l'année suivante, débute le concile de Trente, chargé de réaffirmer les valeurs de la religion catholique, afin de s'opposer au développement du protestantisme. C'est au cours de ce concile qu'est créé en 1559 un autre *Index librorum prohibitorum*, calqué sur le modèle de celui de la faculté de Paris et qui référence cette fois l'ensemble des ouvrages jugés immoraux ou contraires à la foi catholique. La liste est confirmée par le pape Pie IV, cinq ans plus tard. Afin d'examiner les livres sujets à caution, on instaure en 1571 la Congrégation de l'Index. Le pape dispose seul du pouvoir d'en ajouter de lui-même. Quant aux auteurs des ouvrages incriminés, ils ont tout de même la possibilité de les défendre, ainsi que de les corriger. D'ailleurs, l'interdiction n'a rien de définitif.

En 1948, la dernière édition de l'Index répertoriait près de 4 000 titres interdits aux catholiques. Et ce pour des raisons diverses, allant de la simple licence sexuelle à l'hérésie, en passant par la subversion politique. Parmi les auteurs censurés, un grand nombre de philosophes (Machiavel, Bacon, Montaigne, Descartes, Voltaire, Rousseau, Diderot, Kant), des écrivains (La Fontaine, Casanova, Balzac, Dumas, Hugo, Baudelaire, Zola, Gide, Sartre), des scientifiques (comme Copernic et Galilée, toutefois définitivement rayés de l'Index en 1835), des souverains (tels que Frédéric II de Prusse) et même Pierre Larousse, pour son *Grand dictionnaire universel* ! Curieusement, les livres de Charles Darwin n'ont jamais figuré dans l'Index. La dernière mise à jour a lieu en 1961, avec l'ajout du livre *La Vie de Jésus* par l'abbé Jean Steinmann.

L'Index est aboli, essentiellement pour des raisons pratiques, le 14 juin 1966 par le pape Paul VI. Il demeure aujourd'hui un simple guide moral pour les fidèles catholiques. Le terme est repris, au XIXe siècle, par les ouvriers typographes qui désignent de ce nom la liste des imprimeries où le travail n'est pas payé conformément au tarif de la chambre syndicale et pour lesquelles il faut refuser de travailler : c'est ainsi que se popularisera l'expression « mettre à l'index ».

31.

Pourquoi les protestants français étaient-ils appelés « huguenots » ?

Le 31 octobre 1517, sur la porte de l'église de Wittenberg, en Saxe, Martin Luther affiche 95 thèses dénonçant les scandales de l'Église. Le moine allemand vient de jeter les bases d'une nouvelle doctrine chrétienne, en rupture avec le catholicisme et qui, en quelques années, va séduire de nombreux Allemands. Charles Quint s'opposant à la Réforme luthérienne, six princes ainsi que quatorze villes impériales déposent solennellement un acte de protestation devant l'empereur. Leurs adversaires les nomment « protestants », mais en France, ils seront surnommés « huguenots ». Pourquoi ?

Plusieurs hypothèses ont été émises sur l'origine du terme. On a dit par exemple que les protestants se servaient de la marmite dite « huguenote » pour faire cuire leurs viandes, en cachette, les jours de jeûne. Pour certains historiens, c'est à Tours que serait né ce sobriquet. En effet, les Tourangeaux utilisaient le terme de « roi Hugon » pour désigner le fantôme qui hantait la ville. Comme les protestants sortaient la nuit pour organiser leurs assemblées clandestines, on les aurait affublés de ce surnom, qui se serait popularisé. Mais l'hypothèse la plus crédible est celle qui prête au terme une origine genevoise.

À cette époque, le protestantisme s'est rapidement diffusé à Genève – surnommée plus tard la « Rome protestante ». Les catholiques savoyards désignent les protestants genevois « eyguenot », dérivé du suisse alémanique *eidgenossen* signifiant « confédérés ». Ce terme dénigrant se répand en Suisse romande, puis dans les régions françaises limitrophes, où il se transforme en « huguenot ».

En 1560, des gentilshommes protestants tentent d'enlever le jeune roi François II afin de le soustraire à l'influence des Guise. C'est à la suite de cette « conjuration d'Amboise » que le terme de huguenot commence à se répandre dans le royaume pour désigner les protestants français – en grande majorité calvinistes et non luthériens. On trouve cette année-là l'une des premières mentions du terme dans une lettre du théologien protestant Théodore de Bèze, réfugié à Genève.

Deux ans plus tard, il apparaît de nouveau dans un texte de Ronsard intitulé *Remontrance au peuple de la France* : « *Je n'aime point ces noms qui sont finis en os, / Gots, Cagots, Austrogots, Visgots et Huguenots ; / Ils me sont odieux comme peste, et je pense, / Qu'ils sont prodigieux à l'empire de France.* »

32.

Pourquoi la capitale de Malte s'appelle-t-elle La Valette ?

Avec une superficie de 316 km^2, l'île de Malte est depuis 2004 le plus petit État membre de l'Union européenne. Bien que la langue nationale, le maltais, soit d'origine sémitique (c'est-à-dire cousine de l'arabe), la capitale du pays porte un nom curieux à consonance française : La Valette. Pourquoi ?

En 1522, Rhodes est prise par les Turcs. Depuis plus de deux siècles, l'île était gouvernée par les Hospitaliers, un ordre religieux et militaire (semblable à celui des Templiers) créé durant les croisades et chassé de Terre sainte en 1291. Le 1er janvier 1523, le grand maître de l'ordre, Philippe de Villiers de L'Isle-Adam, et ses chevaliers sont expulsés de Rhodes. Ils quittent l'île, emportant avec eux un impressionnant trésor. Après sept ans d'errance, ils se voient céder l'île de Malte par Charles Quint, qui comprend tout le parti à tirer de l'expérience militaire des Hospitaliers.

Située au centre géographique de la Méditerranée, l'île est alors une dépendance du royaume de Sicile. Afin de mieux protéger l'archipel d'une invasion extérieure, les chevaliers ne s'installent pas en son centre, dans l'ancienne capitale, mais près du port de Birgu, protégé par le fort Saint-Ange. Ils renforcent ainsi considérablement les défenses de Malte et construisent un nouveau bastion, le fort Saint-Elme.

En 1557, le Français Jean Parisot de La Valette est élu nouveau grand maître de l'ordre des Hospitaliers. De son côté, Soliman le Magnifique, qui convoite la Sicile, voit en Malte un avant-poste de choix à conquérir. À l'automne 1564, le sultan ottoman lance contre elle une expédition.

Le 18 mai 1565, 159 vaisseaux turcs avec 30 000 hommes à leur bord débarquent sur l'île. Face à eux, 700 chevaliers menés par La Valette et 8 000 mercenaires. Le 23 juin, après une défense héroïque, le fort Saint-Elme tombe aux mains des Turcs. Mais les chevaliers, retranchés à Birgu sous la conduite du grand maître, refusent de capituler. Malgré la situation critique, les assiégés parviennent à tenir jusqu'au 7 septembre, date de l'arrivée d'une armée de secours espagnole.

Après quatre mois de siège, les Turcs préfèrent abandonner, quittant aussitôt les lieux. Malte est sauvée ! La Valette reçoit aussitôt les félicitations empressées de toutes les cours européennes. Le pape Pie V va jusqu'à lui offrir le chapeau de cardinal, que le grand maître refuse. Toutefois, grâce aux subsides reçus d'Europe, La Valette lance la construction d'une nouvelle cité fortifiée, non loin des ruines du fort Saint-Elme. Son plan est dessiné par Francesco Laparelli, ancien collaborateur de Michel-Ange, secondé par Gabrio Serbelloni, architecte de Philippe II d'Espagne.

Jean Parisot de La Valette ne verra pas la fin des travaux. Il décède le 21 août 1568, à l'âge de 74 ans. En hommage au grand maître qui permit à l'île de repousser l'assaut turc, cette nouvelle ville fortifiée est baptisée de son nom. Elle devient en 1571 la capitale de l'ordre des Hospitaliers, puis de Malte.

33.

Pourquoi Henri III a-t-il introduit la fourchette à la cour ?

Aujourd'hui, l'usage de la fourchette est si ancré dans notre quotidien qu'on imagine difficilement qu'un ustensile aussi indispensable ne se soit durablement imposé en France qu'assez récemment. Et c'est au roi Henri III, monarque par ailleurs si décrié, qu'on le doit. Ceux qui peinent à se servir de baguettes dans les restaurants asiatiques devraient lui en être plus reconnaissants.

Apparue sous l'Antiquité, la fourchette est utilisée au Moyen Âge, dans l'Empire byzantin, comme un ustensile réservé pour la cuisson des viandes. Au milieu du XIe siècle, elle est introduite à Venise, à la suite du mariage du doge Domenico Selvo avec la princesse byzantine Théodora Doukas. Peu à peu, la fourchette devient un couvert populaire dans toute l'Italie du Nord. Mais en France, on continue à manger avec les doigts, en se servant uniquement d'un couteau pour piquer les aliments.

En mai 1573, le duc d'Anjou, frère du roi de France Charles IX et futur Henri III, est élu roi de Pologne. Parti à Cracovie, à peine a-t-il pris ses fonctions dans son nouveau royaume qu'il apprend la mort de son frère aîné. Comme Charles IX n'a pas d'héritier, Henri devient son successeur légitime. Il préfère abandonner le trône polonais et quitter le pays en catimini pour rejoindre la France où commencera son nouveau règne. Mais le voyage de retour est plus long que prévu et entrecoupé de fêtes.

Henri III fait une halte prolongée à Venise, où il découvre la petite fourche à deux dents, autour de laquelle on enroule les pâtes pour ne pas les couper. Le futur roi de France est séduit par ce couvert, qui présente l'avantage de pouvoir manger sans risquer de tacher les luxueuses collerettes à la mode. Les fameuses « fraises » portées par les aristocrates atteindront des dimensions démesurées durant cette décennie, s'étendant horizontalement pour les hommes, jusqu'à ressembler à de grands plateaux ! Henri III rapporte donc cet ustensile d'Italie pour l'introduire à sa cour.

Dans les premiers temps, la fourchette s'impose difficilement. La noblesse s'en sert surtout pour manger des fruits. Quant à l'Église, elle y voit « l'instrument du diable », qui incite au péché de gourmandise. Sous Louis XIV enfin, chaque convive dispose à sa table d'une fourchette à la gauche de son assiette, mais personne ne l'utilise, car le roi en personne préfère manger avec les doigts ! Il faut attendre le XVIIIe siècle pour que son usage se répande vraiment. La forme des fourchettes se transforme petit à petit, passant de deux ou trois dents à quatre.

Durant la Belle Époque, lors d'une soirée chez Maxim's, la Belle Otero planta sa fourchette dans le postérieur d'une de ses rivales, qui l'avait traitée d'« *indécente de lit* ». Témoin de l'incident, l'écrivain Willy (époux de Colette) fera ce commentaire : « *La fourchette venait enfin de pénétrer dans les couches profondes de la société française.* »

Pour finir, il est amusant de noter que si la fourchette fut introduite en France par Henri III, c'est au cardinal de Richelieu que serait attribué le bout rond de nos couteaux de table. Il l'aurait imposé par décret afin que les aristocrates cessent de se curer les dents à table avec la pointe de la lame. L'usage fut repris par Louis XIV, qui voyait dans le couteau à bout rond un symbole de raffinement, ainsi que le moyen d'éliminer des tables de la cour une arme qui s'était révélée fatale pour deux de ses prédécesseurs.

34.

Pourquoi Saint-Marin est-elle la plus vieille république du monde ?

Actuellement, plus des deux tiers des États représentés à l'ONU sont des républiques. On en compte trente-cinq à l'échelle européenne, contre douze monarchies. En 1914, on ne dénombrait que quatre États républicains : la France, la Suisse, le Portugal, et Saint-Marin. Située entre les régions d'Émilie-Romagne et des Marches, peuplée de seulement 32 000 habitants, cette minuscule enclave italienne de 61 km^2 constitue aujourd'hui la plus vieille république du monde.

L'histoire de Saint-Marin débute en l'an 301. Voulant échapper aux persécutions antichrétiennes de l'empereur Dioclétien, un ancien tailleur de pierre originaire de Dalmatie et nommé Marinus se réfugie sur le mont Titano. Sur ce nid d'aigle culminant à plus de 730 mètres d'altitude, il fonde une communauté religieuse, qui portera son nom. Petit à petit, le village s'agrandit et se fortifie, jusqu'à devenir une ville autonome au XIe siècle. Deux siècles plus tard, elle devient république, prenant pour devise les dernières paroles du fondateur : *Relinquo vos liberos ab utroque homine* (Je vous laisse libres des autres hommes).

En 1600, Saint-Marin se dote d'une Constitution (de 6 volumes et 314 rubriques) encore utilisée aujourd'hui – la plus vieille Constitution du monde. Le pouvoir législatif est exercé par un Grand Conseil de soixante membres à vie : vingt nobles, vingt bourgeois et vingt paysans. Désigné à l'origine par cooptation, ce Conseil est aujourd'hui élu tous les cinq ans. À partir du XVIIe siècle, les tendances oligarchiques des membres du Grand Conseil et les visées de la papauté sur le territoire marquent une période de déclin relatif pour la cité. Mais grâce à sa situation géographique, celle-ci restera préservée des invasions, hormis durant deux brèves périodes : la première fois en 1503 par Cesare Borgia, et la seconde en 1739 par le cardinal Giulio Alberoni.

Admiratif de ce petit État qui ne s'est jamais soumis aux envahisseurs, Bonaparte n'annexe pas Saint-Marin et propose même à la République une extension territoriale, ainsi qu'un accès à la mer – privilèges qui sont refusés par les intéressés. Lors du congrès de Vienne de 1815, l'indépendance de la République est reconnue. Et en 1862, toujours fière de son autonomie, Saint-Marin refuse de prendre part à l'unification italienne et signe, le 22 mars, un traité d'amitié avec l'Italie, qui continue à lui assurer son indépendance. Cette décision est saluée par le président américain Abraham Lincoln, qui sera nommé en retour citoyen d'honneur de la République. Membre des Nations unies depuis 1992, Saint-Marin est présidée depuis 1243 par deux capitaines-régents, élus tous les six mois et parlant d'une seule voix.

Si Saint-Marin est la plus vieille république du monde, elle ne fut cependant pas la première. Ce modèle d'État existait durant l'Antiquité, avec la République romaine. Certains historiens lui contestent même ce titre, considérant que la plus ancienne république est l'Islande, car elle était dirigée par un Parlement, l'Althing, dès 930. Toutefois, l'Islande fut annexée en 1262, passant sous contrôle norvégien, puis danois. Elle n'est redevenue une république indépendante qu'en 1944. À la différence de Saint-Marin, qui a toujours conservé sa souveraineté !

35.

Pourquoi dit-on : « retourner sa veste » ?

Comme l'illustre une célèbre chanson de Jacques Dutronc, les opportunistes sont souvent brocardés dans la culture populaire. Leur attitude peu scrupuleuse est dénoncée au travers d'une expression familière, « retourner sa veste », qui signifie changer de camp avec une facilité déroutante. Cette formule assez récente est la version moderne d'une tournure plus ancienne, remontant au XVIIe siècle : « tourner casaque ». Mais cette casaque n'avait rien à voir avec la veste de couleur vive que portent les jockeys... De quoi et de qui parlait-on alors ?

Charles-Emmanuel Ier naît en 1562 dans le château piémontais de Rivoli. Petit-fils de François Ier, il épouse en 1585 Catherine-Michelle d'Autriche, deuxième fille de Philippe II d'Espagne. Allié de fait à l'Espagne et profitant des guerres de Religion qui empoisonnent la France, il annexe en 1588 le marquisat de Saluces, situé à la frontière franco-italienne. Ayant reçu des ligueurs le titre de comte de Provence, l'ambitieux prince multiplie les attaques contre les possessions françaises du Sud-Est, lançant des incursions jusqu'à Fréjus.

En 1600, Henri IV riposte en envahissant la Savoie et le Piémont. Charles-Emmanuel doit capituler. Signé l'année suivante, le traité de Lyon lui retire la Bresse, le Bugey, le Valromey et le pays de Gex, mais le marquisat de Saluces devient définitivement une possession savoyarde.

Neuf ans plus tard, le 25 avril 1610, le duc de Savoie opère un retournement complet d'alliance en signant avec la France le traité de Bruzolo. Celui-ci prévoit une attaque des deux puissances contre l'Espagne, ainsi que le mariage de la fille aînée d'Henri IV, Élisabeth de France, avec le fils aîné de Charles-Emmanuel, Victor-Amédée. Mais l'assassinat d'Henri IV, moins d'un mois plus tard, rend le traité caduc.

Toujours en conflit avec la France lors de la guerre de succession du duché de Mantoue en 1628, Charles-Emmanuel opère un nouveau changement radical l'année suivante : il signe un traité d'alliance avec Richelieu, en vue d'attaquer le Milanais. Cependant, à la suite d'un retrait provisoire des troupes françaises, il trahit de nouveau ses engagements pour se ranger du côté de l'empereur, entraînant derechef la guerre avec la France. Tandis que Louis XIII s'empare en personne de la Savoie, Charles-Emmanuel meurt d'apoplexie le 26 juillet 1630, en défendant le passage du Val Maira, à la frontière franco-italienne.

Ainsi, durant toute sa vie, le duc de Savoie multiplia les changements de camp au gré des circonstances, balançant sans cesse entre une alliance avec la France ou l'Espagne, pour sauvegarder son territoire. On raconte que son inséparable « casaque », un manteau d'époque à larges manches, avait la particularité d'être réversible : blanche d'un côté et rouge de l'autre. Aussi, lorsqu'il décidait de s'allier avec la France, il arborait la couleur blanche, et quand il se rangeait du côté de l'Espagne, il en montrait le côté rouge. Pointé par ses contemporains, ce geste aurait donné naissance à l'expression « tourner casaque », devenu ensuite « retourner sa veste » à la fin du XIXe siècle.

Certains historiens estiment enfin que la formule serait plutôt apparue au début des guerres de Religion : soldats catholiques et protestants portant des casaques de couleurs différentes, ceux qui décidaient de changer de camp retournaient leur veste à l'approche des postes adverses pour signifier qu'ils n'étaient plus des ennemis.

Finissons en tout cas sur ce bon mot d'Edgar Faure, lui aussi accusé d'opportunisme : « *Ce n'est pas la girouette qui tourne, mais le vent.* »

36.

Pourquoi la langue officielle de l'Italie est-elle le toscan ?

En raison de son unification récente au milieu du XIXe siècle, l'Italie a compté des centaines de dialectes différents. Ils résultent de la longue division du pays en une dizaine d'États au cours de l'Histoire. Autre spécificité de la péninsule, la langue italienne actuelle n'est pas issue du dialecte parlé dans la capitale – comme en France avec le francilien, ou en Espagne avec le castillan – mais provient d'une langue périphérique. Il s'agit du toscan, langue de la région de Florence et proche du corse. Comment a-t-il pu s'imposer ?

La prédominance du toscan est bien antérieure à l'unification italienne. Elle s'explique d'abord par le fait que, de tous les dialectes d'Italie, il est le plus proche du latin – qui fut durant des siècles la langue parlée par les savants européens. Mais si le toscan a pu s'imposer au détriment des autres langues de la péninsule, c'est avant tout en raison de l'immense prestige culturel de Florence. Au Moyen Âge, cette ville est l'une des plus importantes cités marchandes d'Europe, aussi peuplée que Londres. Sa prospérité est telle qu'en 1252, Florence frappe la première monnaie d'or depuis l'Antiquité, acceptée sur tout le continent et dont le nom demeure célèbre : le florin.

A la fin du XIIIe siècle, c'est encore à Florence que naît et s'impose un nouveau style de littérature, le *dolce stil novo* ou « doux style nouveau ». Avec son plus illustre représentant, Dante, ce premier courant littéraire de grande ampleur en Italie va donner au dialecte toscan ses lettres de noblesse. Aux côtés de l'auteur de la *Divine Comédie*, deux autres auteurs florentins marqueront l'apogée littéraire du Moyen Âge : Pétrarque et Boccace. Les œuvres de ces trois auteurs, surnommés *Le Tre Corone* (« Les Trois Couronnes »), vont ainsi promouvoir le toscan comme la plus belle langue de la péninsule.

À la Renaissance, le rayonnement de la Florence des Médicis va permettre la diffusion du toscan dans les milieux artistiques, économiques, militaires et philosophiques. C'est bien sûr en toscan que le Florentin Machiavel rédige son remarquable traité politique, *Le Prince*. En 1582 est fondée à Florence l'Accademia della Crusca, chargée de la promotion et de la défense du toscan. En 1612, elle publie *Il Vocabulario*, le premier dictionnaire en langue italienne, 82 ans avant la première édition du dictionnaire de l'Académie française. Il servira d'exemple dans l'ensemble de l'Europe.

Codifié par l'Accademia, le toscan imprègne les œuvres majeures dc la littérature italienne. Aussi, quand le royaume d'Italie est proclamé, en 1861, il est tout naturellement choisi pour devenir la langue nationale, et ce, malgré le déclin économique et politique de Florence. D'ailleurs, ne dit-on pas encore aujourd'hui que l'italien est « la langue de Dante » ?

37.

Pourquoi Napoléon a-t-il choisi l'abeille comme symbole impérial ?

Le 2 décembre 1804, Napoléon est sacré empereur dans la cathédrale Notre-Dame de Paris, en présence du pape Pie VII. Cet événement historique sera immortalisé par le célèbre tableau de David intitulé *Le Sacre de Napoléon*. On y voit l'Empereur s'apprêter à poser la couronne impériale sur la tête de Joséphine. Cette dernière se tient à genoux sur un coussin de velours violet, dont les motifs ne sont pas les habituelles fleurs de lys, emblème de la monarchie française, mais des abeilles brodées sur le nouveau manteau impérial. Pourquoi avoir choisi ce symbole ?

Associées à l'immortalité et à la résurrection, ce sont à l'origine les cigales qui faisaient partie du rituel funéraire des premiers rois mérovingiens. Au début du règne de Louis XIV, le 27 mai 1653, un maçon occupé à creuser des fondations découvre par hasard à Tournai (en Belgique actuelle), près de l'église Saint-Brice, une ancienne sépulture mérovingienne. Grâce à la présence d'une bague sigillaire portant son nom, on parvient à identifier le souverain enseveli : Childéric, père de Clovis et fondateur de la dynastie. On met alors au jour des centaines de bijoux en or, représentant des cigales aux ailes incrustées de verre rouge qui recouvraient le manteau du roi franc. Or, à l'époque, on prend ces cigales pour des abeilles !

Un siècle et demi plus tard, en 1804, tandis qu'il se prépare à proclamer l'Empire, Napoléon cherche quel nouveau symbole lui permettrait de rattacher sa dynastie aux origines de la France et ferait de lui un souverain encore plus légitime que les Capétiens. Déclarant « *Ce n'est pas à Louis XVI que je succède mais à Charlemagne* », le Premier Consul a besoin de remonter aux sources carolingiennes et mérovingiennes.

Sur une idée de Cambacérès et Jean-Girard Lacuée, il choisit l'abeille, considérée depuis la découverte de Tournai comme le plus ancien emblème des souverains de France. Lors des préparatifs du sacre, on crée d'abord des abeilles d'or modélisées à partir de celles trouvées dans le tombeau de Childéric. Mais le dessin présentant un aspect trop archaïque est abandonné au profit d'abeilles aux ailes bien détachées, que l'on appose sur les vêtements de l'Empereur et de l'impératrice, ainsi que sur les tentures de la cathédrale Notre-Dame – à la place de la fleur de lys, trop liée aux Capétiens. Avec l'aigle impériale, l'abeille devient donc l'un des symboles de l'État français de 1804 à 1814 et durant les Cent-Jours, ainsi que sous Napoléon III.

Pour la petite histoire, après la seconde abdication de Napoléon résultant de la défaite de Waterloo, Louis XVIII, réfugié à Gand, se hâte de revenir en France. Le 8 juillet 1815, il fait son entrée aux Tuileries. Les chambellans n'ont pas eu le temps d'enlever les tapis semés d'abeilles et d'aigles. Comme les courtisans se confondent en excuses, le roi de France leur répond : « *Mais au contraire, j'ai plaisir à marcher dessus !* »

38.

Pourquoi, le 25 juin 1658, la ville de Dunkerque a-t-elle changé trois fois de nationalité en une seule journée ?

Les ports français de la mer du Nord ont toujours été convoités par plusieurs puissances. Calais, par exemple, fut occupé par l'Angleterre durant plus de deux siècles. Et lorsque la ville fut reconquise par la France en 1558, la reine d'Angleterre Marie Tudor en fut tant affectée qu'elle aurait confié : « *Après ma mort, si vous ouvrez mon cœur, vous y trouverez les noms de Philippe et Calais.* » Le cas de Dunkerque est bien plus significatif puisque, en 1658, la ville fut occupée par trois royaumes différents en moins de 24 heures. Revenons sur cette « folle journée ».

Au Moyen Âge, Dunkerque fait partie du comté de Flandre, vassal du royaume de France. Mais, à la fin du XIVe siècle, la Flandre est intégrée au domaine des ducs de Bourgogne, dont hérite en 1506, à la mort de son père, le futur Charles Quint – qui sera d'ailleurs reçu triomphalement à Dunkerque en 1520. En 1559, le traité de Cateau-Cambrésis incorpore la Flandre aux Pays-Bas espagnols.

Le port de Dunkerque prend alors un nouvel essor. Avec le développement de la piraterie, la ville devient une véritable terre de corsaires, symbolisée par son nouveau sceau représentant un marin – le plus célèbre corsaire dunkerquois est Michel Jacobsen, surnommé « le Renard de la mer » qui, en

1588, ramène en Espagne des débris de l'Invincible Armada. Par sa position stratégique sur la mer du Nord, la ville suscite nombre de convoitises de la part des Français et des Anglais, ce qui oblige les Espagnols à la transformer en bastion militaire.

Ainsi, conquise par la France en 1642, Dunkerque est reprise quatre ans plus tard par les troupes espagnoles. Puis, le 23 mars 1657, la France conclut avec l'Angleterre le traité de Paris, avec l'objectif pour les deux pays de reprendre aux Espagnols les principales places fortes des Flandres : Dunkerque est promise aux Anglais, tandis que la France se réserve le port de Gravelines.

Le 25 mai 1658, Turenne entame le siège de Dunkerque, à la tête de 15 000 hommes. Face à lui, Don Juan d'Autriche, 2 200 fantassins et 800 cavaliers, qui sont rejoints quelques jours plus tard par une armée de secours de 14 000 hommes. Le 14 juin à l'aube, soutenu par la marine anglaise, Turenne lance l'assaut dans les dunes entre la Tente Verte et Leffrinckoucke. Malgré une brillante offensive menée par le prince de Condé (passé du côté espagnol), les hommes de Don Juan d'Autriche sont défaits. Dunkerque résiste quelques jours, mais cesse finalement le combat après la mort de son gouverneur. Les Français sont victorieux. Le 25 juin 1658, Louis XIV fait une entrée solennelle dans la place.

Espagnole le matin, la ville est donc française l'après-midi – le temps d'un *Te Deum* à l'église Saint-Éloi – et devient anglaise le soir, comme stipulé dans le traité de Paris. Pour sa victoire, Turenne sera récompensé en recevant, deux ans plus tard, le titre de maréchal général des armées du roi.

Quant à Dunkerque, elle ne reste pas anglaise très longtemps : en 1662, elle est revendue à la France au prix fort !

39.

Pourquoi, en 1658, le port de la perruque s'est-il soudainement répandu à la cour ?

Pour le grand public, le port de la perruque est le symbole absolu de l'Ancien Régime et de la monarchie. À la fois marque de distinction sociale et de pudeur, cet accessoire résume à lui seul la société européenne des XVIIe et XVIIIe siècles. En France, la perruque se popularise à la cour à partir de 1658, à la suite d'un épisode resté célèbre concernant le jeune Louis XIV.

Au début du mois de juillet 1658, quelques jours après la bataille des Dunes et la prise de Dunkerque par les Français, Louis XIV, âgé de 19 ans, se trouve à Calais. C'est là qu'il contracte une forte fièvre typhoïde. Son état donne de grandes inquiétudes à Mazarin. Quant aux médecins, ils sont divisés sur la question des remèdes. Certains sont partisans de lui administrer de l'antimoine, un remède toxique à forte dose et interdit depuis 1566 par le Parlement de Paris. Entretemps, l'état de santé de Louis XIV se dégrade, au point de lui valoir les derniers sacrements. Tentant le tout pour le tout, Mazarin autorise Antoine Vallot, premier médecin du roi, à lui donner un émétique à base d'antimoine et de vin. En quelques jours, le roi se rétablit miraculeusement.

Mais, si Louis XIV a échappé à la mort, la forte fièvre et surtout les drogues absorbées lui ont fait perdre une grande partie de ses cheveux. Le 11 juillet, pour cacher sa calvitie naissante, il décide de se raser la tête et de porter une perruque. Même si, dix ans plus tôt, le Roi-Soleil avait déjà fait usage de cet artifice à la suite d'une varicelle, le port d'un postiche demeurait jusque-là rarissime à la cour, passant pour un signe de décrépitude. N'oublions pas que, de François Ier à Louis XIII, la mode était à la barbe ou au bouc, élément de séduction et de virilité qui s'accordait mal avec une chevelure artificielle. Mais à partir de l'été 1658, sitôt que le jeune roi se montre avec sa perruque, les courtisans s'empressent de suivre son exemple, arborant à leur tour des postiches faits de cheveux naturels.

Une partie des cheveux de Louis XIV va néanmoins repousser, permettant au souverain de se limiter à des « perruques à fenêtre » mêlant mèches naturelles et compléments capillaires. À la cour, la mode est lancée ! Dès l'année suivante, un édit royal crée deux cents charges de perruquiers, donnant à cette profession ses lettres de noblesse. À partir de 1672, face à une calvitie imposante, le roi décide de se raser la tête et de porter une perruque quotidiennement.

Les courtisans rivalisant d'élégance, les postiches gagnent bientôt en volume et en taille. En 1680, la perruque « à la royale » atteint jusqu'à quinze centimètres de hauteur pour un poids d'un kilo ! Certains postiches nécessitent la chevelure de huit femmes différentes et se vendent à des prix astronomiques. Le Roi-Soleil possède quant à lui toute une collection de perruques et en change jusqu'à trois fois par jour.

Sous Louis XIV, le port généralisé de la perruque entraîne l'abandon du port de la barbe et de la moustache. Il faudra néanmoins attendre la fin de son règne pour que les perruques perdent de leur volume. Symbole de l'Ancien Régime, elles disparaîtront à la Révolution.

40.

Pourquoi l'île des Faisans est-elle gérée alternativement par la France et l'Espagne ?

Située près de l'embouchure de la Bidassoa, fleuve basque qui constitue la frontière entre la France et l'Espagne, l'île des Faisans présente une forme unique de souveraineté alternée. En effet, sur ce petit territoire d'à peine 6 km^2, la République française et le royaume d'Espagne exercent à tour de rôle leur autorité, notamment en termes de police et de justice. L'île est française du 1er août au 31 janvier, et espagnole du 1er février au 31 juillet. Chaque État est représenté par un officier de marine portant le titre insolite de vice-roi. À quoi est due cette singulière forme d'administration ?

Par sa situation frontalière, l'île des Faisans sert, depuis le XVIe siècle, de terrain neutre pour régler les plus épineuses questions diplomatiques entre la France et l'Espagne. La première occurrence remonte à l'année 1526. Capturé un an plus tôt lors de la bataille de Pavie, François Ier est retenu prisonnier à Madrid. Contre sa libération, le roi de France s'engage à renoncer à ses prétentions sur l'Italie, la Bourgogne, l'Artois et la Flandre, et à s'acquitter d'une rançon colossale. En gage de bonne foi, il remet en otages à Charles Quint ses fils aînés, âgés de neuf et sept ans. C'est sur l'île des Faisans que s'opère l'échange entre le roi français et ses deux garçons, le 10 mars 1526.

Autre exemple au siècle suivant : en 1615, la régente Marie de Médicis, qui mène une politique pro-espagnole, décide d'unir son fils et sa fille aînée aux enfants du roi d'Espagne Philippe III. Louis XIII et sa sœur Élisabeth de France vont ainsi respectivement épouser l'infante Anne d'Autriche et le futur Philippe IV. L'échange des deux princesses aura lieu la même année sur l'île des Faisans.

Mais l'événement le plus fameux advenu sur l'île est sans conteste la signature du traité des Pyrénées, le 7 novembre 1659, par le cardinal de Mazarin et Don Luis de Haro. Conclu à la suite de la victoire franco-anglaise à la bataille des Dunes, après plusieurs mois de négociations, il met fin à une guerre de vingt-cinq ans entre les deux royaumes. De plus, c'est en marge de ce traité de paix qu'est ratifié le contrat de mariage entre Louis XIV et l'infante d'Espagne, Marie-Thérèse.

L'année suivante, le Roi-Soleil se rend en personne sur l'île pour y rencontrer Philippe IV juste avant son mariage. En vertu des dispositions du traité des Pyrénées, la France et l'Espagne s'entendent sur le tracé définitif de leurs frontières respectives. La souveraineté de l'île des Faisans, jusqu'alors revendiquée par les deux royaumes, est partagée. En souvenir, l'îlot sera surnommé « île de la Conférence ».

Par la suite, il continuera à servir de lieu de négociations entre les deux États pour régler les litiges maritimes entre pêcheurs ou y signer des accords de non-agression en temps de guerre. En 1856, le traité de Bayonne fera de l'île des Faisans un condominium franco-espagnol.

41.

Pourquoi Cromwell a-t-il été pendu deux ans après sa mort ?

On a tendance à l'oublier, mais l'Angleterre a été pendant plusieurs années une république. Fondée après la décapitation du roi Charles Ier, un siècle et demi avant celle de Louis XVI en France[1], elle fut dirigée d'une main de fer par Oliver Cromwell, qui instaura le *Commonwealth*. Cette dictature ne prit fin qu'à sa mort, causée par la malaria en 1658. Le Lord Protecteur sera pendu, mais seulement deux ans plus tard… Que s'est-il passé ?

Oliver Cromwell naît en 1599, dans une famille de la petite *gentry* provinciale. En 1628, il obtient un siège au Parlement, où l'on remarque ses discours enflammés contre la royauté. Lorsque, en janvier 1642, une fronde des parlementaires conduit à la fuite du roi Charles Ier et au début de la guerre civile, Cromwell se range aussitôt au service des frondeurs, levant à ses frais un régiment de cavalerie : les *Ironsides* (« Côtes de Fer »). Cette troupe redoutable permet aux parlementaires de vaincre les royalistes à la bataille de Marston Moor, le 2 juillet 1644.

L'année suivante, Cromwell obtient la direction de l'armée du Parlement, qu'il réorganise et mène à la victoire lors de

1. Cf. *Les Pourquoi de l'Histoire*, vol. 1.

la bataille de Naseby. Réfugié en Écosse, Charles Ier est livré au vainqueur en mai 1647. Épuré sous la contrainte, réduit à une centaine de membres, un « Parlement croupion » vote la condamnation à mort de Charles Ier.

Le roi est décapité le 30 janvier 1649, tandis que le Parlement proclame l'instauration de la république : le *Commonwealth*. Bien que le pouvoir exécutif soit confié au Conseil d'État, Cromwell, en tant que commandant en chef de l'armée, devient le maître du pays. Il commence par mater une révolte des catholiques irlandais, alliés aux royalistes, avec une extrême violence : le 10 septembre 1649, le massacre de la garnison de Drogheda (près de Dublin) cause la mort de près d'un millier de civils, dont des femmes et des enfants.

Deux ans plus tard, Cromwell écrase les Écossais à Worcester. Débarrassé du péril royaliste, il se retourne contre ce parlement trop mou à son goût, le remplaçant par une assemblée de 140 membres désignés par l'armée. Le 16 décembre 1653, sous le titre de Lord Protecteur, il instaure un régime dictatorial. Jusqu'à cette fièvre, qui a raison de lui le 3 septembre 1658.

Le dictateur bénéficie d'une cérémonie funèbre publique à l'abbaye de Westminster, comme les rois qui l'avaient précédé. Son fils Richard lui succède, mais se retrouve vite débordé. Craignant que le pays ne sombre dans le chaos, le général Monck, gouverneur de l'Écosse, s'active à préparer la restauration monarchique. En février 1660, il marche sur Londres avec une armée et obtient la dissolution du Parlement.

Le fils de Charles Ier, Charles II, peut rentrer à Londres en roi, le 29 mai 1660. Pour venger la mort de son père, le nouveau souverain fait juger les régicides survivants. Douze d'entre eux sont traînés, pendus, éviscérés, décapités et démembrés, comme cela se pratiquait en Angleterre pour les crimes de haute trahison. De son côté, le nouveau Parlement ordonne l'exécution posthume de Cromwell et de deux autres régicides décédés : le juge John Bradshaw et le général Henry Ireton, gendre de Cromwell.

Le 30 janvier 1661, date anniversaire de la mort de Charles Ier, la dépouille exhumée du Lord Protecteur est pendue publiquement, à côté des cadavres de Bradshaw et d'Ireton. Le corps de Cromwell sera ensuite jeté dans un puits. Quant à sa tête, exposée sur un pieu au-dessus du Westminster Hall, elle y demeurera jusqu'en 1680 !

42.

Pourquoi Paris est-elle surnommée la « Ville lumière » ?

On ne compte plus les surnoms donnés à Paris au cours de son histoire. La plupart sont tombés dans l'oubli : « Parouart » utilisé par François Villon, « Pampeluche » par Vidocq, « Pantin » par Victor Hugo, ou encore « Pantruche » dans les chansons de Bruant. Celui de « Paname » proviendrait soit du scandale de Panama en 1892, soit de l'élégant chapeau du même nom. Mais le plus célèbre reste celui de « Ville lumière ». Notre capitale est moins illuminée que Las Vegas ou Hong Kong, alors pourquoi l'appelle-t-on ainsi ?

La formule daterait du XVIIe siècle. Au début du règne de Louis XIV, comptant déjà un demi-million d'habitants, Paris est une ville à la fois sale et dangereuse. Plusieurs milliers de brigands hantent ses rues. La journée, ils harcèlent les passants, déguisés en infirmes. La nuit, ils se retrouvent dans un quartier mal famé près de la porte Saint-Denis, surnommé ironiquement « la cour des miracles ». Pour les empêcher de nuire, les différents services de sécurité hérités du Moyen Âge manquent de moyens et de coordination. D'autant plus que leur rivalité les rend inefficaces ! Vivant encore au Louvre, le jeune roi tolère mal cette quasi-impunité dont bénéficient les malfrats, qu'il considère comme un défi lancé à sa propre autorité.

Pour éliminer cette nuisance publique, le Roi-Soleil signe, le 15 mars 1667, un édit dans lequel il crée la charge inédite de lieutenant de police de Paris, rassemblant sous une autorité unique tous les services de sécurité. Le magistrat qui se voit confier le poste se nomme Gabriel Nicolas de La Reynie. Disposant de pouvoirs étendus et prenant son rôle très à cœur, il parvient à démanteler la fameuse cour des miracles. Mais il sait que, pour réprimer le crime, il faut s'employer à le prévenir. C'est pourquoi, dans le but de décourager les rôdeurs malintentionnés, il fait installer l'éclairage dans les rues. Désormais, des lanternes publiques éclaireront jusqu'aux ruelles les plus sombres, et les bourgeois seront contraints d'allumer des bougies sur les rebords de leurs fenêtres. Fascinés par les rues étincelantes de la capitale, les voyageurs européens l'auraient alors baptisée « Ville lumière ».

De nos jours, Paris n'est plus aussi remarquée dans le monde pour ses illuminations. Les nouvelles exigences en termes d'économie d'énergie poussent au contraire à davantage de sobriété. D'ailleurs, on pourrait noter qu'une autre ville française mériterait sans doute aussi le surnom de « Ville lumière ». Il s'agit de Lyon !

En 1895, c'est dans la capitale des Gaules que les frères Louis et Auguste Lumière sont parvenus à mettre au point le cinématographe et que fut tourné le tout premier film de l'histoire : *La Sortie des usines Lumière à Lyon*. Ensuite, c'est dans cette ville que se déroule, tous les 8 décembre, la « Fête des Lumières ». L'origine de l'événement remonte à 1852, lorsque, pour l'inauguration d'une statue de la Vierge sur la colline de Fourvière, les notables avaient éclairé et embelli les façades de leurs maisons à l'aide de petites bougies appelées « lumignons ». Depuis cette date, au début de décembre, toute la ville s'illumine.

43.

Pourquoi la ville bretonne de Lorient porte-t-elle ce nom ?

Sous-préfecture du Morbihan, troisième ville la plus peuplée de Bretagne après Rennes et Brest, la cité portuaire de Lorient porte un nom curieux quand on y songe : il fait penser à l'opposé de « l'Occident ». Et il ne s'agit pas d'un hasard. Explications.

Le début du XVIIe siècle voit l'émergence des grandes compagnies commerciales européennes qui profitent du monopole qui leur est accordé dans le commerce des épices avec l'Asie et les comptoirs de l'océan Indien. Les deux plus importantes sont la Compagnie anglaise des Indes orientales et, surtout, la Compagnie néerlandaise des Indes orientales.

Le 27 août 1664, Colbert, ministre de Louis XIV, décide à son tour de fonder une entreprise capable de concurrencer Anglais et Hollandais sur leur propre terrain. La Compagnie française des Indes orientales est née. Exemptée de taxes, elle est dotée d'un capital initial de 8,8 millions de livres et peut déclarer la guerre, conclure des traités et nommer des ambassadeurs. Si ses objectifs sont d'abord commerciaux et militaires, elle est aussi chargée de diffuser la culture française et de promouvoir le catholicisme par conversion des autochtones.

Le siège de la Compagnie française des Indes orientales est d'abord fixé au Havre. Mais le site, trop confiné, est exposé aux éventuelles agressions anglaises et hollandaises. Un deuxième siège est envisagé à Bayonne, mais l'opposition de la population locale empêche toute implantation.

Finalement, en juin 1666, le gouverneur du Port-Louis (dans l'actuel Morbihan) use de son influence pour convaincre Colbert de choisir sa ville. Cherchant un terrain pour établir des chantiers de construction navale à proximité, Denis Langlois, l'un des directeurs de la Compagnie, achète, en août 1666, des terres situées aux confluents du Scorff et du Blavet, dans une zone de friche appelée le Faouédic (petit bois de hêtres) pour y installer des cales. Sans attendre, la Compagnie met en chantier un navire de mille tonneaux conçu par le maître charpentier hollandais Anton Looman et baptisé le *Soleil d'Orient* – que les locaux vont appeler communément « l'Orient ».

La construction du navire fait sensation dans la région et nombreux sont les volontaires pour œuvrer aux « chantiers de l'Orient ». Achevé en 1671, « l'Orient » quitte aussitôt la Bretagne pour les Indes. Mais son nom restera associé aux lieux où il est demeuré si longtemps en construction. Du bateau aux chantiers, le nom est enfin transmis à l'agglomération qui se constitue peu à peu dans la lande voisine grâce à l'activité portuaire, jusqu'à devenir l'actuelle ville de Lorient.

Le *Soleil d'Orient* connaîtra un destin tragique, puisqu'à peine dix ans après sa mise en service, il sombre au large de Madagascar, en 1681. Transportant à son bord l'ambassade du roi de Siam auprès de Louis XIV, il avait les cales remplies de cadeaux somptueux destinés à éblouir le Roi-Soleil, dont deux éléphants en or massif caparaçonnés de pierres précieuses. Toujours au fond des océans, cet inestimable trésor est aujourd'hui l'un des plus recherchés au monde !

44.

Pourquoi le quartier new-yorkais du Queens porte-t-il ce nom ?

Première ville des États-Unis, New York City est divisée en cinq arrondissements. Le plus connu est celui de Manhattan, qui abrite la statue de la Liberté, Wall Street ou encore l'Empire State Building. Il est bordé au sud par Brooklyn, le plus peuplé de la ville, et au nord par le Bronx, réputé pour sa dangerosité. À l'extrême sud-ouest, on trouve Staten Island, quartier le moins urbanisé (500 000 habitants, tout de même). À l'est enfin, se trouve l'arrondissement du Queens, qui accueille notamment l'aéroport John F. Kennedy et plus de deux millions d'habitants. Mais d'où vient son nom ?

Pour le comprendre, il nous faut remonter en 1661. Cette année-là prend fin la république instaurée en Angleterre par Cromwell, à la suite du couronnement de Charles II. Âgé de 30 ans, le nouveau roi n'est pas encore marié. Il décide de se tourner vers le Portugal, royaume qui vient de sortir de l'annexion espagnole et se trouve précisément à la recherche d'alliés. En août 1661, un contrat de mariage est ainsi conclu entre le roi d'Angleterre et la fille de Jean IV de Portugal, Catherine de Bragance. Parallèlement, un traité de paix est signé par les deux puissances, qui octroie à l'Angleterre deux importants comptoirs portugais : Tanger (au Maroc) et l'île de Bombaim (l'actuelle ville indienne de Mumbai, plus connue sous le nom de Bombay), ainsi que des privilèges commerciaux au Brésil. L'année suivante, la flotte anglaise vient chercher Catherine de Bragance pour l'emmener en Angleterre, où elle doit épouser le roi.

En majorité anglican, le peuple anglais réserve un accueil glacial à cette étrangère de religion catholique, que l'on soupçonne en outre de vouloir convertir le roi. À cause de cette méfiance publique, Catherine ne sera d'ailleurs jamais couronnée reine. La nouvelle souveraine a cependant amené du Portugal un certain nombre de produits exotiques, qu'elle utilise pour leurs vertus médicinales, dont le thé : sa consommation se propage rapidement chez les courtisans, avant de gagner les classes les plus aisées. Elle introduit aussi à la cour le tabac, la marmelade d'orange, ainsi que les couverts de table.

En dépit de tous ses efforts, Catherine est négligée et méprisée par son mari, qui ne daigne même pas la saluer en public. En toute logique, ils n'auront aucun enfant. C'est dans les colonies d'Amérique qu'elle demeure la plus populaire. Ainsi, en 1683, lorsqu'un village est fondé à l'est de Manhattan, sur l'île de Long Island, le duc d'York, propriétaire de la colonie et frère de Charles II, décide de le baptiser *Queen's* en hommage à sa belle-sœur, la reine. Il est frontalier du comté de *King's*, baptisé en l'honneur de Charles II (qui prendra plus tard le nom de Brooklyn).

Après la mort de son mari, Catherine de Bragance retournera à Lisbonne, où elle assurera la régence à deux reprises, avant de s'éteindre en 1705.

45.

Pourquoi le siège de Vienne, en 1683, est-il à l'origine des croissants ?

Dans de nombreux pays du monde, le croissant est devenu un symbole de la gastronomie française, comme peuvent l'être le chocolat pour la Suisse ou le café pour l'Italie. Pourtant, cette viennoiserie qui fait chaque jour le bonheur de millions de gourmands ne serait pas une création française, mais autrichienne. Encore un de ces tours que nous joue l'Histoire…

Quand les croissants ont-ils été inventés ? Des historiens avancent la date de 1683. Cette année-là, profitant d'une révolte d'une partie de la Hongrie, le sultan ottoman Mehmet IV décide d'envahir l'empire des Habsbourg. Forts d'une armée de plus de 200 000 hommes, les Turcs font le siège de Vienne, capitale de l'empire, le 14 juillet. Le rapport de force est largement en faveur des Ottomans, les Autrichiens ne disposant que de 15 000 soldats réguliers. Louis XIV arguant d'une stricte neutralité, ils ne peuvent compter que sur l'aide éventuelle de Venise ou de la Pologne.

Soumise à un siège impitoyable, la capitale des Habsbourg est cependant défendue avec acharnement durant deux mois par le comte Starhemberg et le bourgmestre Liebenberg. Au début de septembre, tandis que la dernière ligne de défense de la ville est directement menacée et que

Vienne s'apprête à tomber, arrive une armée de secours de 65 000 hommes, commandée par le roi de Pologne Jean III Sobieski et le duc Charles de Lorraine. Le 12 septembre 1683, l'assaut est lancé contre les Turcs. La bataille s'achève en fin de journée par la défaite de l'armée ottomane, qui se retire en désordre, abandonnant sur place canons et provisions.

Mais quel est le rapport avec nos croissants ? Deux versions divergent à ce moment de l'histoire. Ayant permis de repousser un assaut nocturne des Turcs en donnant l'alerte, les boulangers de la ville auraient célébré leur exploit par la confection de nouvelles pâtisseries briochées, baptisées *Hörnchen*. Et pour immortaliser l'événement, ils leur auraient donné la forme d'un croissant, symbole de l'islam et emblème des Turcs.

Une seconde version en attribue le mérite à un officier polonais, Jerzy Franciszek Kulczycki. Récompensé de sa contribution à la victoire par 300 sacs de café abandonnés par les Turcs, il aurait ouvert trois ans plus tard le tout premier café de Vienne, nommé « À la Bouteille bleue ». Pour populariser cette boisson pratiquement inconnue des Viennois, il aurait eu l'idée de servir le café accompagné d'une nouvelle pâtisserie en forme de croissant, commémorant la défaite turque.

En France, les croissants seraient arrivés à la cour avec Marie-Antoinette, originaire de Vienne – d'où le nom de viennoiserie. En tout cas, il faudra attendre le XIXe siècle pour qu'ils se popularisent, et 1920 pour que les pâtissiers parisiens remplacent leur pâte briochée d'origine par la pâte feuilletée au beurre que nous connaissons aujourd'hui.

Cependant, l'origine autrichienne du croissant est désormais remise en cause après la découverte, par le Centre national des arts culinaires, d'une archive mentionnant « *quarante gâteaux en croissant* » servis à l'occasion d'un banquet offert par la reine de France Catherine de Médicis en 1549 à Paris ! Ces gourmandises étaient destinées à commémorer l'alliance conclue quelques années plus tôt entre François Ier et le sultan Soliman le Magnifique…

46.

Pourquoi le tsar Pierre Ier a-t-il créé un impôt sur la barbe ?

Les impôts sont souvent impopulaires, motivant l'ingéniosité des resquilleurs. Pendant la Révolution française, la fiscalité sur les portes et fenêtres instaurée par le Directoire conduisit de nombreux propriétaires à condamner des ouvertures, au risque d'insalubrité, en les remplaçant parfois par des dessins en trompe-l'œil. En Russie, le tsar Pierre le Grand créa quant à lui une taxe tout à fait inattendue : l'impôt sur la barbe. Loin d'être anecdotique, et contre toute attente, cet impôt avait bien un but politique…

Appartenant à la célèbre famille des Romanov, Pierre le Grand est le troisième fils du tsar Alexis Ier. À la mort de son père, en 1676, c'est son frère aîné qui est monté sur le trône sous le nom de Fédor III. Il n'a régné que six ans, avant de mourir en 1682. Son frère cadet Ivan doit lui succéder mais l'adolescent, âgé de 16 ans, est jugé faible d'esprit. Une décision sans équivalent dans l'histoire de la Russie est prise : Ivan et son plus jeune frère Pierre occuperont le trône conjointement ! Comme Pierre n'a que 10 ans, leur sœur Sophie s'attribue la régence provisoire en attendant qu'il soit majeur.

Le jeune tsar grandit à l'écart, délaissé. Eduqué par un précepteur allemand, il fréquente beaucoup les étrangers installés à Moscou, découvrant auprès d'eux les sciences et les techniques modernes. Ce n'est que lorsque son frère Ivan meurt, en janvier 1696, que Pierre devient à 24 ans le tsar incontesté de la Russie.

Désirant compléter sa formation de prince, Pierre Ier part incognito – sous le nom de Pierre Mikhaïlov – pour un voyage traditionnel à travers l'Europe, surnommé « la Grande Ambassade ». À compter de mars 1697, il visite ainsi Venise, l'Angleterre et les Provinces-Unies des Pays-Bas, où il travaille en tant que simple ouvrier sur un chantier naval afin d'étudier les techniques de construction hollandaises. Une révolte survenue en Russie l'oblige à interrompre son périple pour rentrer dans son royaume, non sans avoir recruté de nombreux techniciens européens. À son retour, le tsar n'a plus qu'une idée en tête : occidentaliser la Russie et moderniser l'image du pays !

Convaincu que la tradition séculaire du port de la barbe est un des signes visibles de l'immobilisme de son peuple, Pierre Ier décrète par un oukase du 5 septembre 1698 l'interdiction formelle de la barbe dans toute la Russie, afin de mettre son royaume à la mode occidentale. À chaque porte de Moscou, des barbiers professionnels rasent désormais les arrivants. Arborant seulement une fine moustache, le tsar lui-même rase personnellement et pour l'exemple quelques récalcitrants, au moyen d'une paire de ciseaux qu'il a rapportée des Pays-Bas.

Cette loi soulève beaucoup de mécontentement. Notamment chez les popes, pour lesquels la barbe est sacrée, et chez les paysans qui, grâce à elle, peuvent se protéger du froid en hiver. Sensible à ces doléances, Pierre Ier consent à autoriser le port de la barbe pour le clergé et s'en tient pour les autres à prélever un impôt en fonction de la classe sociale, dispensant ainsi les Russes les plus pauvres. Cet impôt sur la barbe lui permettra en outre de financer sa politique de grands travaux, qui fera définitivement entrer la Russie dans la modernité et lui vaudra le nom de Pierre le Grand.

47.

Pourquoi Voltaire a-t-il été embastillé ?

Le 14 juillet 1789, la prison de la Bastille est prise d'assaut par plusieurs milliers de révolutionnaires parisiens. S'ils sont venus chercher de la poudre, les insurgés ont une revanche à prendre sur cette vieille et imposante forteresse, symbole de l'arbitraire royal et de la monarchie absolue. Durant des siècles, quantité de prisonniers célèbres y ont été détenus : Montaigne, Fouquet, Beaumarchais, le marquis de Sade ou encore l'intrépide Latude, qui parvint à s'en évader. Mais l'embastillé qui a contribué le plus à la légende noire de la prison est Voltaire, qui y fut retenu prisonnier à deux reprises. Pourquoi ?

De son vrai nom François-Marie Arouet, Voltaire est un fils de notaire. Durant son adolescence, tandis qu'il poursuit une brillante scolarité chez les jésuites du collège de Clermont (actuel lycée Louis-le-Grand), son parrain, l'abbé de Châteauneuf, le présente à la célèbre courtisane et femme de lettres Ninon de Lenclos, âgée de 85 ans. Séduite par l'esprit du jeune homme, celle-ci lui lègue 2 000 livres tournois pour qu'il puisse s'acheter des ouvrages et parfaire sa culture. À 19 ans, François-Marie abandonne ses études de droit pour se consacrer à l'écriture. Grâce à son parrain, le jeune homme est introduit dans les milieux libertins de

Paris, où son esprit caustique et ses bons mots animent les dîners mondains.

En 1715, décède le Roi-Soleil. Son successeur Louis XV étant trop jeune pour régner, on confie la régence au neveu de Louis XIV, Philippe d'Orléans. Les mœurs du duc d'Orléans diffèrent beaucoup de celles de son prédécesseur, devenu dévot à la fin de sa vie. Aussi un vent de liberté vient-il à souffler. À la fois insolent et insouciant, le jeune Arouet en profite pour écrire plusieurs épigrammes décrivant les amours incestueuses du Régent. Ces écrits font scandale et parviennent aux oreilles de l'intéressé. Le 16 mai 1717, alors âgé de 23 ans, Arouet est envoyé à la Bastille sur lettre de cachet pour outrage. Il y restera onze mois, durant lesquels il entreprend l'écriture de sa première pièce, *Œdipe*, promise à un grand succès.

Peu rancunier, ou secrètement admiratif, le Régent finit par ordonner sa libération. Arouet va aussitôt le remercier et lui déclare : « *Monseigneur, je trouverais très doux que Sa Majesté daignât se charger de ma nourriture, mais je supplie Votre Altesse de ne plus se charger de mon logement.* » Il adopte ensuite le fameux pseudonyme qui le fera passer à la postérité.

Mais Voltaire n'en a pas tout à fait fini avec la Bastille. En janvier 1726, une altercation verbale l'oppose au chevalier de Rohan-Chabot. En représailles, ce dernier paie des gentilshommes pour bastonner l'écrivain. Pour laver l'affront, Voltaire propose un duel au chevalier, ce qui lui vaut un second embastillement ! Celui-là ne durera que deux semaines. Une fois libéré, Voltaire s'exile en Angleterre, où il passera deux ans et demi, y découvrant une société qui l'influencera notablement.

Quant à la Bastille, lorsque, à l'issue du combat sanglant de juillet 1789, les émeutiers pénètrent dans ses geôles, ils sont étonnés et même déçus de constater que cette prison qu'on leur décrivait si lugubre et effrayante est en fait équipée de cellules spacieuses et confortables. Et qu'à la place des centaines de prisonniers politiques qu'ils espéraient libérer ne se trouvent qu'une poignée d'escrocs de faible envergure et deux déments.

48.

Pourquoi dit-on : « travailler pour le roi de Prusse » ?

Pour signifier que l'on a durement œuvré sans en retirer le moindre bénéfice, on use encore de nos jours de l'expression : « travailler pour le roi de Prusse ». Cette formule n'a aucun équivalent dans les autres langues. Quelle peut bien être son origine ?

Si l'on s'accorde à dater l'apparition de cette expression du XVIIIe siècle, les suppositions divergent concernant l'événement historique qui lui a donné naissance. On a par exemple invoqué le fait que les soldes des mercenaires du royaume de Prusse n'étaient payées que trente jours par mois, y compris ceux comptant trente et un jours. On a aussi avancé que le roi Frédéric-Guillaume Ier était d'une avarice telle qu'il rémunérait chichement ses ouvriers français.

Une autre hypothèse renvoie à la bataille de Rossbach, durant la guerre de Sept Ans, qui se solda par la victoire des Prussiens : cette défaite de la France aurait donné naissance à une chanson populaire qui raillait le prince de Soubise commandant l'armée française et qui contenait la phrase : « *Il a travaillé… pour le roi de Prusse.* » Certains y voient une possible référence au séjour de Voltaire chez Frédéric II et qui illustrerait l'ingratitude du roi de Prusse à l'égard du philosophe. Mais l'origine la plus communément admise remonte à la guerre de Succession d'Autriche.

En 1740 meurt l'empereur Charles VI de Habsbourg. Faute de fils pour lui succéder, il a tout prévu pour que son héritage patrimonial revienne à sa fille aînée, Marie-Thérèse. La jeune héritière de l'empire des Habsbourg – elle n'a que 23 ans – se voit contestée par ses voisins, qui convoitent ses territoires. Son cousin Charles-Albert de Bavière refuse de la reconnaître, appuyé par le nouveau roi de Prusse, Frédéric II, qui profite de sa faiblesse et de son isolement pour annexer la riche province autrichienne de Silésie. De même, la France de Louis XV signe un traité d'alliance avec la Prusse dans lequel elle reconnaît l'annexion de la Silésie, avant d'envahir elle-même la Bohême, puis de s'emparer de Prague en novembre 1741.

Quelques mois plus tard, c'est le duc de Bavière qui est élu empereur – les femmes étant écartées du trône impérial – sous le nom de Charles VII, tandis que Marie-Thérèse soutenait la candidature de son mari, François de Lorraine. Mais la souveraine ne s'en laisse pas conter : elle signe un traité d'alliance avec l'Angleterre et les Provinces-Unies, parvient à reprendre la Bohême et à repousser les Français vers le Rhin. La suite n'est pas à son avantage. Le 11 mai 1745, en présence de Louis XV, Maurice de Saxe remporte sur les troupes anglo-autrichiennes la victoire de Fontenoy, au cours de laquelle est prononcée la fameuse phrase : « *Messieurs les Anglais, tirez les premiers !* » Les Français volent ensuite de succès en succès, envahissant les Pays-Bas autrichiens et menaçant les Provinces-Unies, jusqu'à faire tomber Maastricht le 7 mai 1747.

Entre-temps cependant, l'empereur Charles VII est mort, en janvier 1745, et François de Lorraine est enfin élu à la tête du Saint Empire sous le nom de François Ier (à ne pas confondre avec le nôtre). Contre toute attente, le fils de

Charles VII, Maximilien, ne poursuit pas les ambitions de son père. Aussi, au terme de huit ans de conflits, la guerre de Succession d'Autriche s'achève le 18 octobre 1748 avec la signature du traité d'Aix-la-Chapelle.

Lors des négociations de paix, avec l'annexion de la Silésie, Frédéric II retire tous les bénéfices de la guerre. Le comte de Saint-Séverin, représentant de Louis XV, surprend quant à lui l'assistance en n'exigeant aucun avantage pour la France, tandis que celle-ci pouvait légitimement annexer les Pays-Bas autrichiens : « *Sa Majesté très-chrétienne a le souci de faire la paix non en marchand mais en roi.* » Raillant sa diplomatie, la population française aurait alors adopté l'expression : « travailler pour le roi de Prusse ».

49.

Pourquoi le mot silhouette est-il en fait un nom propre ?

Au cours de l'Histoire, des hommes ont souvent vu leur patronyme entrer dans le langage courant. Par exemple, le terme de « boycottage » provient du nom de Charles Cunningham Boycott, un riche propriétaire terrien d'Irlande qui, en 1879, subit un blocus, à l'appel du nationaliste irlandais Charles Stewart Parnell, parce qu'il refusait de baisser le prix de ses loyers. Nous pourrions citer bien d'autres cas : lynchage, guillotine, sadisme, bottin, machiavélisme, etc. En l'occurrence, l'une des origines les moins connues est sans doute celle du mot « silhouette », tiré du nom d'un ministre de Louis XV. Cela mérite une explication.

Ancien conseiller au parlement de Metz, chancelier de la maison d'Orléans et commissaire de la Compagnie des Indes, Étienne de Silhouette est nommé, grâce au soutien de Mme de Pompadour, contrôleur général des Finances de Louis XV en mars 1759. Soucieux de redonner une santé financière au royaume sans augmenter les impôts, Silhouette préconise de réduire les dépenses personnelles du roi et des ministres, en diminuant les pensions et en supprimant certains privilèges fiscaux. Si cette politique lui vaut en général une certaine popularité, elle lui attire les foudres de l'aristocratie et des plus fortunés.

Pourtant, loin de relâcher la pression, le contrôleur général des Finances aggrave son cas en engageant les nantis à porter leur vaisselle à la Monnaie de Paris, pour que celle-ci soit convertie en devises destinées à redresser les finances du royaume. Cette mesure lui sera fatale. Le 21 novembre 1759, Silhouette est destitué de son poste, huit mois à peine après sa nomination. Malgré son départ, l'ancien contrôleur va demeurer la cible favorite de la cour. Pour le ridiculiser, ses détracteurs se mettent à brosser des dessins minimalistes qui représentent des personnages vus de profil, vêtus de culottes sans poches, symbolisant l'état de dépouillement auquel ses mesures auraient réduit les intéressés. Et ces dessins sont baptisés des « silhouettes ».

Dépité face aux sarcasmes, Étienne de Silhouette quitte Paris en 1760. Il se retire dans son château de Bry-sur-Marne, où il décède sept ans plus tard.

Selon d'autres sources, l'origine du terme ne proviendrait pas de la ruine résultant des réformes du contrôleur des Finances, mais de son passage express à ce poste : les courtisans n'avaient pas eu le temps de se familiariser avec ses traits, seulement de repérer son profil !

50.

Pourquoi le sandwich porte-t-il le nom d'un homme d'État anglais ?

Le sandwich n'a jamais été si populaire et il se décline aujourd'hui de mille façons (hamburger, hot-dog, bagel, pita, croque-monsieur, kebab, tacos, panini, wrap, pan-bagnat, sans oublier notre version nationale : le traditionnel jambon-beurre). Ces en-cas font partie de notre quotidien au point que de grandes chaînes de sandwicheries viennent supplanter les brasseries traditionnelles. Symbole de modernité et d'urbanité, le sandwich fut pourtant inventé au XVIIIe siècle par un aristocrate anglais qui lui laissa son nom.

C'est en 1718 que naît John Montagu, 4e comte de Sandwich. Membre de la Chambre des lords, cet aristocrate commence sa carrière diplomatique au service du duc de Bedford, Premier Lord de l'Amirauté. En 1746, durant la guerre de Succession d'Autriche, il représente le roi George II lors de la conférence de Breda et prend part aux négociations qui aboutiront au traité de paix d'Aix-la-Chapelle deux ans plus tard.

En 1748, le comte de Sandwich devient à son tour Premier Lord de l'Amirauté, avant d'être propulsé au rang de secrétaire d'État. Malgré une incompétence notoire et une prédisposition à la corruption, Sandwich va ainsi cumuler, durant une dizaine d'années, d'importantes fonctions ministérielles. Sa passion proverbiale pour les jeux de cartes et son goût pour le bœuf froid seraient à l'origine de notre fameux sandwich.

On raconte qu'à l'occasion d'une interminable partie de cartes (whist) disputée par le comte dans un pub, en 1762, le cuisinier lui aurait apporté une petite collation improvisée, composée de deux tranches de pain garnies de fromage et de viande de bœuf froide. Le comte trouva ce type d'en-cas fort pratique, puisqu'il permet de se restaurer sans quitter la table de jeu et sans se salir les mains. Dès lors, il aurait pris l'habitude de déjeuner de cette façon. Mais l'anecdote reste sujette à caution, car il semble que de nombreux aristocrates anglais avaient déjà coutume de consommer des repas froids dans leur bureau ou autour des tables de jeu afin d'éviter la coupure du déjeuner. Si John Montagu a donné son nom au sandwich, ce n'est sans doute pas pour l'avoir inventé, mais davantage pour sa consommation immodérée de ce type d'en-cas !

En 1775, lorsque James Cook découvre, au sud de l'Argentine, un archipel d'îles volcaniques inhabitées, il les baptise « îles Sandwich » (aujourd'hui îles Sandwich du Sud) en hommage au Premier Lord de l'Amirauté. Ironie du sort, ce même James Cook finira dévoré, dit-on, par les cannibales ! Quant à John Montagu, il voit sa carrière ternie après avoir été tenu pour responsable, par son incompétence, de la défaite de l'Angleterre dans la guerre d'Indépendance américaine. À sa mort, en 1792, on aurait rédigé cette épitaphe : « *Rarement un homme obtint autant d'offices pour en accomplir si peu.* »

En 2004, un de ses descendants, le 11e comte de Sandwich, a créé à Orlando sa propre entreprise de restauration rapide, baptisée « Earl of Sandwich ». Il a déclaré à cette occasion, respectant la vérité historique : « *Mon aïeul n'a peut-être pas inventé le sandwich, mais il en a immortalisé le nom.* »

51.
Pourquoi Louis XV est-il le seul roi de France à n'avoir pas été embaumé ?

En août 1793, durant la Terreur, la Convention nationale ordonne la destruction des tombeaux des rois de France à Saint-Denis. Les exhumations des dépouilles royales durent tout le mois d'octobre. Embaumés, certains corps sont extrêmement bien conservés, à l'instar de celui d'Henri IV (dont l'identification de la tête prête aujourd'hui à polémique), et parfaitement reconnaissables. Mais la dépouille de Louis XV, mort dix-neuf ans plus tôt, est en piteux état. À la différence de ses prédécesseurs, ce roi de France n'a pas bénéficié de l'embaumement rituel. Pourquoi ?

Avant leur inhumation à la nécropole royale de Saint-Denis, les rois de France étaient soumis à un rituel certes moins élaboré que celui pratiqué par les Égyptiens, mais dont l'intention était de retarder la corruption du corps en vue de son exposition publique. Le 10 mai 1774, Louis XV meurt à Versailles, à l'âge de 69 ans, dans l'indifférence générale, sans doute des suites d'une septicémie aggravée de complications pulmonaires. Plus impopulaire que jamais, le roi étant également atteint de variole, infection d'origine virale fort contagieuse, personne n'ose s'approcher du cadavre.

Quand le duc de Villequier, premier gentilhomme de la Maison du roi, donne l'ordre au chirurgien Andouillé d'ouvrir le corps du défunt pour procéder à l'embaumement, le médecin lui réplique : « *Je suis prêt, vous tiendrez la tête pendant que j'opérerai, votre charge vous l'ordonne.* » Terrifié à cette idée, le duc s'y refuse. On choisit alors de modifier le protocole pour enterrer le souverain en simple sujet : sa dépouille ne sera pas exposée et aucune cérémonie ne sera organisée.

Ainsi, on se contente d'envelopper le corps du roi de grands linges aromatisés et de l'ensevelir dans un cercueil de plomb, enduit d'un mastic composé de chaux, de vinaigre et d'eau-de-vie camphrée, lui-même enfermé dans un double cercueil de bois de chêne. Le transport du souverain jusqu'à la basilique de Saint-Denis se déroule de nuit, deux jours plus tard. Le dernier hommage rendu au souverain jadis appelé « le Bien-Aimé » ressemble davantage à l'expédition d'un encombrant fardeau. Le cortège n'est suivi que par une quarantaine de gardes du corps et quelques serviteurs portant des flambeaux. Aucun membre de la famille royale n'a daigné se déplacer, ni aucun courtisan, à l'exception du prince de Soubise, compagnon d'enfance du roi.

Finissons au moins sur un bon mot. À cette époque, la variole était appelée « petite vérole », tandis que la « grosse vérole » désignait la syphilis, maladie sexuellement transmissible. Des bruits courant sur la cause réelle du décès, on raconte que Mme du Barry, dernière favorite de Louis XV, demanda au duc de Noailles : « *Est-ce que le roi a vraiment eu la petite vérole ?* » Ce à quoi le duc répondit : « *Sachez, madame, qu'il n'y a rien de petit chez les Grands !* »

52.

Pourquoi les Australiens ont-ils une réputation de voyous ?

Avec une superficie de plus de 7,5 millions de kilomètres carrés, l'Australie est la plus grande île du monde. C'est aussi l'un des pays les plus sous-peuplés de la planète, puisque sa densité n'est que de trois habitants au kilomètre carré ! En 2013, la population australienne était de 23,5 millions d'habitants. Parmi eux, un grand nombre descendent de bagnards britanniques. Explications.

La *Terra Australis*, comme on l'appelait à l'origine, fut le dernier continent découvert par les explorateurs européens, au début du XVIIe siècle. En 1642, le navigateur hollandais Abel Tasman, au service de la Compagnie néerlandaise des Indes orientales, aborde la Nouvelle-Zélande, ainsi qu'une petite île qu'il baptise *Van Diemensland* (future Tasmanie). Il cartographie une partie des côtes de l'Australie qu'il nomme « Nouvelle-Hollande ».

Il faut cependant attendre le XVIIIe siècle pour que les Européens s'intéressent à cette dernière. En 1770, l'explorateur anglais James Cook débarque au sud-est de l'île, à Botany Bay. Au nom du roi d'Angleterre, il prend possession de la côte orientale et la baptise « Nouvelle-Galles du Sud ». Cinq ans plus tard, commence outre-Atlantique la guerre d'Indépendance américaine, qui aboutira en 1783 à la naissance des États-Unis.

Avec la perte de ses treize colonies d'Amérique, le gouvernement anglais est à la recherche d'un nouveau territoire pour y reléguer les condamnés de droit commun qui encombrent les bateaux-prisons des ports britanniques. Appelés *convicts*, ces délinquants n'ont parfois commis que de menus larcins, mais la législation, féroce à l'époque, peut condamner à mort un simple voleur de pain. Sur les conseils du naturaliste Joseph Banks, qui a participé en 1770 au voyage de Cook, le gouvernement de George III décide de les envoyer en Nouvelle-Galles du Sud pour la coloniser.

Le 13 mai 1787, un premier convoi de onze navires appareille de Portsmouth, avec à leur bord plus de 700 condamnés dont 180 femmes. Commandés par le capitaine Arthur Phillip, ils atteignent Botany Bay et accostent le 26 janvier 1788 à Port Jackson (future Sydney). Cet événement fondateur de l'histoire du pays est commémoré tous les 26 janvier sous le nom d'*Australian Day,* fête nationale de l'île.

Jusqu'au milieu du XIXe siècle, plus de 160 000 condamnés seront expédiés en Australie. Une fois leur peine accomplie, ils feront souche, formant ainsi le creuset du peuplement de l'île, même si dès l'origine de nombreux colons libres viennent s'y installer. Les *convicts* imprégneront la colonie d'un esprit frondeur et rebelle – contrastant beaucoup avec l'Amérique puritaine – qui orientera sa destinée. Membre du Commonwealth, l'Australie obtiendra son indépendance en 1901.

53.

Pourquoi, dans la vie politique française, parle-t-on de « la gauche » et de « la droite » ?

La vie politique française est depuis longtemps imprégnée par le fameux clivage droite-gauche. Par convention, on classe à gauche les progressistes, partisans de l'égalité sociale, et à droite les conservateurs, défenseurs de la liberté économique. Or, durant près d'un siècle, l'opposition s'est surtout faite entre monarchistes et républicains. Alors d'où viennent les termes « gauche » et « droite » que l'on utilise aujourd'hui ?

Au cours de l'Histoire mondiale, chaque régime parlementaire a été marqué par une opposition entre deux tendances politiques. Ainsi, à la fin de la République romaine, le Sénat était divisé entre les *populares*, qui défendaient les intérêts des catégories sociales les plus modestes, et les *optimates*, représentant ceux de l'aristocratie patricienne. Au XVIIe siècle, le parlement anglais vit l'émergence de deux partis antagonistes : les *whigs*, hostiles à l'absolutisme royal, et les *tories*, qui le défendaient. En France, c'est au cours de la Révolution que va naître notre fameuse opposition.

Le 17 juin 1789, un peu plus d'un mois après la réunion des états généraux à Versailles, considérant qu'ils représentent « les quatre-vingt-seize centièmes au moins de la nation », les députés du tiers état rejettent la division en trois ordres (clergé, noblesse, tiers état) et se proclament Assemblée nationale. Ils s'arrogent le droit de percevoir l'impôt et décident de rédiger une Constitution limitant les pouvoirs du roi. Après l'abolition de la féodalité dans la nuit du 4 août 1789, suivie trois semaines plus tard par la Déclaration des droits de l'homme et du citoyen, l'Assemblée constituante doit se prononcer sur les grands principes de la future Constitution.

Le 11 septembre 1789, les députés sont réunis pour délibérer du droit de veto accordé au roi, qui permettrait à Louis XVI de s'opposer à une loi votée par l'Assemblée. Cette question les divise profondément : certains sont pour un droit de veto absolu du roi, comme dans la monarchie britannique, les autres défendent un droit de veto suspensif, qui provoquerait de nouvelles élections en cas de désaccord persistant entre le roi et l'Assemblée. Au cours du vote, pour faciliter le décompte des voix, ceux qui sont pour un veto relatif se répartissent à gauche du président, et ceux qui sont favorables au veto absolu, à sa droite. Parmi eux se trouvent non seulement les monarchistes, mais également des députés modérés, comme Mounier ou même Mirabeau. Les partisans du veto relatif l'emportent par 673 voix contre 325.

Cette répartition des députés de part et d'autre du président de l'Assemblée va vite s'ancrer dans la salle du Manège des Tuileries, où ils s'installent pour délibérer à partir d'octobre 1789, après avoir quitté Versailles.

Les députés qui sont hostiles à la Révolution ou soucieux de la contenir s'assiéront du côté droit de la salle, tandis que les autres se placeront du côté gauche. Du vote du veto royal date ce clivage entre une droite « conservatrice » et une gauche « réformiste », qui rythme aujourd'hui encore notre vie politique.

54.

Pourquoi les Jacobins sont-ils appelés ainsi ?

De nos jours, on utilise le terme de « jacobinisme » pour désigner une doctrine politique à la fois centralisatrice et technocratique, opposée à toute forme de fédéralisme ou de régionalisme. Cependant, en deux siècles, le sens de ce terme a beaucoup évolué. Il tire son nom d'un club révolutionnaire, celui des Jacobins. Plutôt modéré à l'origine, ce club s'est radicalisé sous l'influence croissante de Robespierre, jusqu'à devenir l'organe de la Terreur révolutionnaire. Mais d'où tenait-il lui-même son nom ?

Pour expliquer l'histoire de ce nom insolite, il faut remonter plus de cinq siècles avant la Révolution. En 1218, l'ordre des Dominicains (ou ordre des Frères prêcheurs) établit à Paris son premier couvent pour nécessiteux. Comme ce monastère dépend d'un couvent italien dédié à saint Jacques, il en prend le nom. « *Jacobus* » étant la traduction latine de Jacques, les moines se voient surnommés au fil du temps les « Jacobins ».

Au XVIIe siècle, le couvent dominicain est transféré rue Saint-Honoré, mais conserve néanmoins son surnom de couvent des Jacobins. Un siècle plus tard, en raison du déclin des vocations, il est contraint de louer les réfectoires inutilisés. Nous en arrivons ainsi à la Révolution.

Dès la réunion des états généraux, au printemps 1789, les députés de Bretagne organisent, avant chaque débat à l'Assemblée, des réunions de concertation au café Amaury. Prenant le nom de « club Breton », ce groupe est rapidement rejoint par de nombreux députés venus de toute la France. En octobre 1789, l'Assemblée constituante quitte Versailles et prend place dans la salle du Manège à Paris. Les membres du club Breton louent à cette occasion le réfectoire du couvent des Jacobins, qui est à deux pas de l'Assemblée. Ils changent alors de nom pour adopter celui de « Société des Amis de la Constitution ». Par dérision, les royalistes vont la surnommer « club des Jacobins ».

La Société des Amis de la Constitution siège d'abord au réfectoire du couvent, puis jusqu'au printemps 1791 dans la bibliothèque, et enfin dans la chapelle. Forte d'environ un millier de membres, provenant exclusivement de l'élite parisienne, elle est dans un premier temps un lieu de débats passionnés, dominés par les éléments modérés. En septembre 1792, elle prend officiellement le nom de club des Jacobins.

Passé sous la domination de Robespierre et des Montagnards, le club se radicalise et devient le gardien de l'orthodoxie révolutionnaire – et, bientôt, l'instrument de la Terreur.

Pour l'anecdote, le club des Cordeliers (« Société des Amis des Droits de l'homme et du citoyen »), principal rival du club des Jacobins, tire lui aussi son nom du couvent où étaient organisées ses réunions. Ironie de l'histoire, les Cordeliers étaient le surnom des moines franciscains, ennemis acharnés des Dominicains, et donc des Jacobins !

55.
Pourquoi le symbole de la République se prénomme-t-il « Marianne » ?

Marianne est la plus célèbre figure allégorique de la République française. Elle en est son emblème officieux, représenté sur les timbres-poste, les documents officiels ou les pièces de monnaie. Facilement identifiable par son bonnet phrygien, attribut de la Révolution, son buste trône dans toutes les mairies françaises. Si, depuis une quarantaine d'années, plusieurs célébrités ont prêté leurs traits à Marianne, on se demande encore qui est à l'origine de ce prénom. Une question qui fait l'objet de plusieurs hypothèses.

Marianne a longtemps laissé planer le doute autour de ses origines. Jusqu'à une date récente, on situait sa naissance en 1797. La France vivait alors sous le régime du Directoire, le pouvoir étant confié à cinq directeurs. En mars 1797, les royalistes et les modérés ont remporté les élections législatives et sont désormais majoritaires dans les deux assemblées. Sur les cinq, trois directeurs sont hostiles au retour de la monarchie : Barras, Larevellière et Reubell. Après avoir exclu les ministres royalistes du gouvernement, ils décident le 4 septembre 1797 (le 18 Fructidor du calendrier révolutionnaire) d'opérer un coup de force avec le concours de l'armée, afin de destituer les deux directeurs favorables aux royalistes (Barthélemy et Carnot) et d'annuler les élections. Ce coup d'État sauve provisoirement le régime républicain, mais l'image de ce dernier en sort aussi considérablement ternie.

Paul Barras, le membre le plus influent du Directoire, cherche à donner à la République un nom qui la symboliserait de manière plus séduisante. Lors d'une réception chez Reubell, il s'enquiert du prénom de l'épouse de son hôte. Celle-ci ayant déclaré s'appeler Marie-Anne, il se serait exclamé : « *Parfait, il est simple, il est bref et sied à la République, autant qu'il sied à vous-même !* » Ce surnom se serait ensuite diffusé sans tiret : Marianne.

Et, de fait, en 1811, Napoléon accorde à Marie-Anne Reubell une pension à vie de 6 000 livres pour avoir donné son prénom à la République. Durant la Restauration, le nom est repris par une société secrète républicaine. En 1848, l'éphémère IIe République tente d'en faire la figure du nouveau régime et organise un concours de Marianne. Quant aux bustes féminins, ils ne commencent à apparaître dans les mairies qu'à partir de 1877, lorsque le régime républicain s'installe durablement en France et tente de se populariser.

En 1976, une nouvelle découverte a cependant remis en cause cette explication. On a retrouvé le manuscrit d'une chanson révolutionnaire intitulée *La Garisou de Marianno* (« La Guérison de Marianne »), écrite par le cordonnier et troubadour Guillaume Lavabre, originaire de Puylaurens (Tarn). Composées en occitan en octobre 1792, les paroles consacrent la toute jeune République du nom de « Marianne », prénom surtout porté par les filles des campagnes qui venaient à la ville se faire employer comme bonnes. Il s'agit à ce jour de la plus ancienne occurrence du prénom comme allégorie de la République.

Quoi qu'il en soit, Marianne n'est désormais plus seulement le symbole de la République, mais aussi celui de la

France. Composée en 1972 par Michel Delpech, une autre chanson allégorique l'atteste : « *Mais que Marianne était jolie / Quand elle marchait dans les rues de Paris / En chantant à pleine voix : / Ça ira ça ira… toute la vie !* »

56.

Pourquoi surnomme-t-on l'Angleterre la « perfide Albion » ?

Jusqu'au début du XXe siècle, l'ennemi héréditaire de la France n'était pas l'Allemagne, mais l'Angleterre. Vieux de neuf siècles, cet antagonisme remontait au remariage de la reine de France Aliénor d'Aquitaine avec le roi d'Angleterre Henri II et s'était poursuivi avec la guerre de Cent Ans, les guerres napoléoniennes et les rivalités coloniales. En subsistent quelques surnoms désobligeants, échangés entre « Rosbifs » et *Froggies* (« Mangeurs de grenouilles »). Dans ce registre, la plus ancienne expression utilisée pour dénigrer l'Angleterre est sans doute celle de « perfide Albion ». Que peut-elle signifier ?

Nom antique de la Grande-Bretagne, le terme d'Albion est dû au naturaliste Pline l'Ancien. Il viendrait du latin *albus* (blanc) et aurait été inspiré par les falaises crayeuses de Douvres. Selon une légende celtique, le nom d'Albion pourrait également venir d'Albine, une des Danaïdes de la mythologie grecque, qui s'échoua sur l'archipel britannique. Enfin, l'Angleterre étant une île, on y voit aussi une référence à la mythologie romaine, où le fils de Neptune, dieux des mers, porte le nom d'Albion.

En ce qui concerne la prétendue perfidie des Anglais, cette opinion remonterait à la bataille d'Azincourt qui vit, le

25 octobre 1415, la chevalerie française se faire anéantir par les archers anglais, pourtant trois fois moins nombreux. Une des plus sanguinaires batailles du Moyen Âge. Car nombre de chevaliers ayant chuté avec leur lourde armure furent faits prisonniers et le roi anglais Henri V, craignant d'être débordé par cette foule, ordonna de les égorger sur place plutôt que de les échanger contre rançon, comme cela se pratiquait alors. Violant le code d'honneur médiéval, 200 archers les exécutèrent, n'épargnant que quelques grands seigneurs.

Par la suite, d'autres entorses des Anglais aux règles élémentaires de la guerre ne firent qu'aggraver le sentiment français de défiance envers eux. Sous le règne de Louis XIV, Bossuet ou Mme de Sévigné notamment commencèrent à utiliser à propos de l'Angleterre l'adjectif « perfide ». Quant à l'expression « perfide Albion », elle fut forgée en 1793 par Augustin Louis de Ximénès dans son poème *L'Ère des Français*, où l'on trouve ce vers belliqueux : « *Attaquons dans ses eaux la perfide Albion !* » L'expression se popularisera largement au XIXe siècle au gré des rivalités entre les deux pays, et au-delà de l'« Entente cordiale » de 1830.

57.
Pourquoi Mme Tallien a-t-elle été surnommée « Notre-Dame de Thermidor » ?

Comme elles n'étaient pas admises à l'Assemblée, peu de femmes ont pu jouer un rôle de premier plan durant la Révolution française. Certaines d'entre elles ont toutefois contribué à écrire cette page de notre histoire nationale : on peut citer Charlotte Corday, qui assassina Marat, Olympe de Gouges, pionnière du féminisme et des droits de la femme, ou encore Manon Roland, égérie des Girondins – qui finirent toutes trois guillotinées sous la Terreur. Mais celle qui exerça la plus grande influence fut une certaine Mme Tallien, que l'on surnomma « Notre-Dame de Thermidor ». Pourquoi ?

Née près de Madrid en 1773, Thérésa Cabarrus est la fille d'un riche financier espagnol. Cependant, elle passe son enfance et son adolescence en France, élevée par des religieuses. Dotée d'une grande beauté, la jeune Thérésa épouse en 1788 le marquis de Fontenay, avant de se voir présentée à la cour de Louis XVI. Cette séductrice qui multiplie les amants dispose d'un salon où elle reçoit les plus brillants esprits de l'époque et encourage le mouvement révolutionnaire.

Divorcée en avril 1793, elle se montre proche des Girondins, s'opposant aux excès de la Terreur. Après avoir rejoint Bordeaux, Thérésa est arrêtée comme suspecte en décembre 1793. Cependant, sa beauté et son esprit fascinent un député de la Convention, le redouté Jean-Lambert Tallien, commissaire à Bordeaux, qui l'avait déjà remarquée dans les salons parisiens. En devenant sa maîtresse, la jeune femme parvient à sortir de prison.

Installée avec Tallien à Bordeaux (dans l'actuel hôtel Franklin), Thérésa intercède auprès de son amant pour épargner la vie de nombreux suspects, et lui soutire ainsi plusieurs mesures de clémence, transformant leur appartement en bureau des grâces. Plus d'un millier de personnes lui doivent la vie – d'où un premier surnom, celui de « Notre-Dame du bon secours ». Mais cette indulgence n'est pas du goût de tous, à commencer par Robespierre, qui décide de la faire arrêter de nouveau.

En juillet 1794, Thérésa est incarcérée dans la sinistre prison de La Force à Paris, où elle attend son jugement et sa probable condamnation à mort. Elle envoie alors à Tallien ce mot accusateur : « *Je meurs d'appartenir à un lâche.* » Pour la sauver, Tallien prend part au coup d'État contre Robespierre le 27 juillet 1794 (le 9 Thermidor). Il en sera d'ailleurs l'une des chevilles ouvrières, puisque c'est lui qui ce jour-là interrompt le discours de Saint-Just et empêche Robespierre de prendre la parole.

Avec la chute de l'« Incorruptible », la Terreur prend fin et Thérésa retrouve la liberté. Pour son rôle joué durant cet épisode, elle est surnommée « Notre-Dame de Thermidor ». À son sujet, le ministre anglais William Pitt le Jeune déclare : « *Cette femme serait capable de fermer les portes de l'enfer !* »

Après avoir épousé Tallien en décembre 1794, Thérésa continue à mener une vie de femme libre et s'impose comme l'une des célébrités du Directoire. Divorcée de nouveau en 1802, elle se remariera le 9 août 1805 avec le comte de Caraman, futur prince de Chimay, auquel elle donnera quatre enfants.

58.

Pourquoi l'hymne polonais est-il le seul à célébrer Napoléon ?

Intitulé *La Mazurka de Dabrowski* et composé en 1797 par Jozef Wybicki, l'hymne officiel de la république de Pologne est presque aussi ancien que la *Marseillaise*. Il a toutefois pour particularité d'être le seul hymne national au monde à célébrer Napoléon Bonaparte. Pourquoi ?

En 1569, le grand-duché de Pologne et de Lituanie s'est transformé en une république insolite, puisque gouvernée par un roi : la République des Deux-Nations[1]. Le pays est soumis à la Diète polonaise, elle-même contrôlée par la noblesse. En 1652, une nouvelle disposition est adoptée, le *Liberum veto*, qui impose un vote à l'unanimité de l'Assemblée pour toutes les décisions de la République, y compris l'élection du souverain. Ce principe absurde va peu à peu rendre la Pologne ingouvernable et permettre à ses voisins, par la corruption d'un député, de s'immiscer dans les affaires intérieures.

En 1769, s'inquiétant des efforts du nouveau roi de Pologne Stanislas II pour s'émanciper des ingérences extérieures, Frédéric II de Prusse conclut un accord avec l'impératrice d'Autriche Marie-Thérèse et la tsarine Catherine II

1. Cf. *Les Pourquoi de l'Histoire*, vol. 1.

dans le but de démanteler la Pologne. La manœuvre se déroule en trois étapes. En 1772, un tiers du territoire polonais est partagé : la Russie annexe la Biélorussie, l'Autriche la Galicie, et la Prusse la Poméranie. Stanislas II tente de réagir en abolissant en 1791 le fameux *Liberum veto* et en transformant la monarchie élective en monarchie héréditaire. Il ne peut toutefois empêcher un second partage de son royaume, le 23 septembre 1793. Le 24 octobre 1795 s'opère un dernier morcellement : la région de Varsovie est incorporée à la Prusse, celle de Cracovie à l'Autriche, et la Lituanie à la Russie. La Pologne n'existe plus !

En lutte pour retrouver leur indépendance, les aristocrates polonais se tournent vers la France. Depuis le mariage de Louis XV avec Marie Leczinska, notre pays entretient une tradition d'amitié avec la Pologne. D'autre part, nous sommes en guerre contre la Prusse et l'Autriche. C'est ainsi que de nombreux officiers polonais décident de s'engager dans l'armée française, espérant qu'en retour la France les aidera à libérer la Pologne. Sous l'égide de Bonaparte, sont créées des « Légions polonaises » qui combattent avec les Français durant la campagne d'Italie. Commandées par le général Henryk Dabrowski, elles sont considérées comme une armée polonaise en exil sous autorité française.

En 1797, le poète Jozef Wybicki écrit un chant intitulé *Chant des Légions polonaises en Italie*, afin d'encourager les combattants polonais. Il s'inspire du *Chant de guerre pour l'armée du Rhin* (future *Marseillaise*) composé par Rouget de Lisle cinq ans plus tôt. Naturellement, ce chant est à la louange de Bonaparte, commandant en chef de l'armée d'Italie.

Plus tard, en 1807, après ses victoires sur les Prussiens et les Russes lors de la campagne de Prusse et de Pologne, Napoléon entre à Varsovie et restaure un État polonais indépendant, ce qui lui vaut le soutien passionné de la noblesse polonaise. Mais la chute de l'Empire anéantit les espoirs de la Pologne. Il faudra attendre la fin de la Première Guerre mondiale pour que le pays recouvre une (fragile) indépendance.

Rebaptisé *Mazurek Dabrowskiego* (*La Mazurka de Dabrowski*) en l'honneur du général Dabrowski, le *Chant des Légions polonaises en Italie* devient officiellement l'hymne de la Pologne en 1927.

59.

Pourquoi la place des Vosges porte-t-elle ce nom ?

Située dans le quartier du Marais, entre les IIIe et IVe arrondissements parisiens, la place des Vosges est la plus ancienne place de la capitale. Ce lieu chargé d'histoire, anciennement appelé place Royale, débaptisé à plusieurs reprises, porte aujourd'hui le nom d'un département de Lorraine. Pourquoi ?

L'histoire de la place des Vosges remonte à la fin du XIVe siècle. Le chancelier de France Pierre d'Orgemont fait construire, sur son côté nord, une vaste maison avec jardin. Entouré d'un mur garni de petites tours, l'édifice est appelé l'« hôtel des Tournelles ». En 1402, son fils vend le domaine au duc de Berry, frère du roi Charles V, qui le cède ensuite à son neveu, le duc d'Orléans. Après l'assassinat de ce dernier, la demeure devient la propriété du roi de France Charles VI, qui s'y installe à partir de 1417. Elle prend le nom de Maison royale des Tournelles.

Après la guerre de Cent Ans, les souverains y résident assez peu, à l'exception de Louis XII, qui y meurt en 1515. Sous François Ier et Henri II, l'hôtel des Tournelles est un haut lieu de festivités. On y célèbre les sacres royaux, la signature de traités importants, mais aussi de grands mariages comme celui d'Élisabeth de France, fille d'Henri II, avec Philippe II d'Espagne en 1559.

C'est au cours de ces festivités qu'Henri II participe au tournoi qui lui sera fatal. Transporté à l'hôtel des Tournelles, le roi y meurt après une longue agonie, le 10 juillet 1559. Cette mort tragique entraîne l'abandon du lieu, qui est détruit sur ordre de Catherine de Médicis. Le site sert ensuite de marché aux chevaux avant qu'en 1605, Henri IV décide d'y tracer une magnifique place. Il charge les architectes Androuet du Cerceau et Claude Chastillon d'en concevoir les plans. Mais le commanditaire ne verra jamais l'achèvement des travaux : la nouvelle place est inaugurée en avril 1612, à l'occasion des mariages de Louis XIII avec Anne d'Autriche et de Philippe IV d'Espagne avec Élisabeth de France. On évite toutefois d'y organiser un nouveau tournoi…

Au centre, on installe des eaux jaillissantes, on sème du gazon et des fleurs. La nouvelle « place Royale » devient un endroit recherché par les promeneurs, à l'abri du soleil en été et de la pluie en hiver. En 1792, lors de la chute de la monarchie, elle est rebaptisée « place des Fédérés », puis l'année suivante « place de l'Indivisibilité ».

Porté au pouvoir à la suite du coup d'État du 18 Brumaire (9 novembre 1799), Napoléon Bonaparte décide, avec les deux consuls Cambacérès et Lebrun, d'organiser un concours permettant de remplir les caisses de l'État. L'idée est la suivante : le premier département à s'acquitter de la totalité des taxes instaurées par le nouveau régime verra son nom donné à la plus belle place de Paris. Quelques semaines plus tard, les résultats tombent : le département des Vosges a été le plus diligent !

Comme promis, le 14 septembre 1800, la place de l'Indivisibilité est officiellement rebaptisée « place des Vosges ». À la Restauration, elle reprendra son nom de place Royale, avant de redevenir brièvement place des Vosges en 1848. Renommée place Royale sous le second Empire, elle retrouvera définitivement son nom actuel en 1870, à la proclamation de la IIIe République.

60.
Pourquoi Napoléon a-t-il rétabli l'esclavage ?

Le 27 avril 1848, le gouvernement provisoire de la jeune IIe République décide, par l'intermédiaire de son sous-secrétaire d'État à la Marine Victor Schœlcher, d'interdire l'esclavage dans les colonies françaises. Si l'événement est historique, il ne constitue pas une première : presque un demi-siècle plus tôt, durant la Terreur, l'esclavage avait déjà été aboli. Jusqu'à ce qu'un certain Napoléon Bonaparte le rétablisse…

Le courant abolitionniste naît en Angleterre à la fin du XVIIIe siècle au sein de cercles philanthropiques protestants, pour se diffuser ensuite aux États-Unis, chez les Quakers de Pennsylvanie. En France, cette initiative trouve un écho avec la création en 1788 de la Société des Amis des Noirs, dont sont membres certaines personnalités comme l'abbé Grégoire, Mirabeau, Condorcet ou La Fayette. Cette association réclame non seulement l'interdiction de la traite transatlantique, mais également la fin de l'esclavage des Noirs dans les colonies.

Un an plus tard éclate la Révolution française. Malgré la campagne de sensibilisation des Amis des Noirs, la question de la traite humaine outre-mer est loin d'être la préoccupation première des députés français. Ainsi, lorsqu'au cours de la nuit du 4 août 1789 l'Assemblée vote la fin des privilèges, seul le duc de La Rochefoucauld-Liancourt envisage d'étendre aux esclaves noirs ce principe d'égalité. Durant plus de quatre ans, l'abolition de l'esclavage va ainsi rester lettre morte. D'autant qu'à l'Assemblée, les représentants des colonies sont des planteurs qui invoquent le droit de propriété – inscrit dans la Déclaration des droits de l'homme – et menacent de faire sécession au cas où l'esclavage viendrait à être supprimé. Au final, l'Assemblée se contente d'accorder l'égalité entre colons et hommes de couleur, libres ou affranchis.

Cependant, en janvier 1794, arrivent à Paris trois députés originaires de Saint-Domingue, la plus riche des colonies françaises, alors en proie à une insurrection des esclaves. Parmi eux se trouvent un Blanc, Jean-Baptiste Mills, un mulâtre, Louis-Pierre Dufay, et un Noir, Jean-Baptiste Belley. Reçus chaleureusement par la Convention, ils y prononcent un discours émouvant qui convainc les députés de voter, le 4 février 1794, un décret abolissant l'esclavage dans les colonies.

Ce décret n'aura en réalité pas le temps d'être appliqué. Car, deux jours à peine après son vote, à l'instigation des colons, les Anglais envahissent la Martinique. En avril, ils s'emparent également de la Guadeloupe, où ils se heurtent à la résistance d'un ancien corsaire, Victor Hugues. À la tête d'un millier d'hommes, ce Marseillais d'origine provoque la fuite des colons et la mise sous séquestre de leurs propriétés. Nouveau maître de l'île, il fait enfin appliquer le décret d'abolition de l'esclavage en Guadeloupe.

Le 20 mai 1802, deux mois après avoir signé la paix d'Amiens avec l'Angleterre, qui permet à la France de récupérer la Martinique, Napoléon Bonaparte décide – sans doute encouragé par Joséphine de Beauharnais (issue d'une riche famille créole et martiniquaise) et Cambacérès (avocat des planteurs) – d'abolir le décret du 4 février 1794 et de légaliser de nouveau l'esclavage dans les colonies. Au même moment, le général Antoine Richepance, envoyé par Bonaparte pour réprimer l'insurrection, reconquiert la Guadeloupe et y rétablit la traite humaine.

L'esclavage ne sera aboli pour de bon que quarante-six ans plus tard. Et, cette fois, dans toutes les colonies d'outre-mer.

61.

Pourquoi dit-on : « avoir les dents du bonheur » ?

De nombreuses personnes jugent qu'avoir les dents trop écartées constitue une disgrâce. Sentiment exacerbé par une pression médiatique exigeante quant à l'esthétique et au mythe du corps parfait, dont le sourire serait le premier étendard. Ce diktat d'une dentition irréprochable et parfaitement alignée oblige la plupart à corriger artificiellement ce défaut. Pourtant, certaines personnalités en ont fait leur charme, prouvant que l'écartement des incisives supérieures centrales peut aussi conférer un certain sex-appeal – de Brigitte Bardot à Cécile de France, en passant par Jane Birkin et Yannick Noah... Ce que les dentistes appellent un diastème est surnommé dans le langage populaire « les dents du bonheur ». Et si c'était vrai ? Quelle peut bien être l'origine d'une telle expression ?

Deux hypothèses ont été avancées. D'après la première, la formation d'un diastème serait favorisée par la succion du pouce chez le nourrisson. Or, sucer son pouce correspond pour un jeune enfant à la recherche d'une félicité nourricière qu'il ne retrouvera plus jamais... La seconde explication est d'ordre historique, voilà pourquoi elle nous intéresse davantage !

L'expression serait apparue dans les armées napoléoniennes, à la suite d'une innovation qui permettait de recharger plus vite son arme. Jusqu'alors, la poudre se glissait dans les fusils à l'aide d'une poire, ce qui faisait perdre aux soldats un temps précieux. Au début du XIXe siècle, on décida d'envelopper la poudre dans des cartouches cartonnées, fermées par des opercules de chaque côté. Or, pour ouvrir celles-ci tout en tenant leur fusil d'une main, les grognards ne disposaient que de leurs dents ! Ils étaient contraints de les déchirer avec leurs incisives, pour ensuite introduire la poudre dans le canon du fusil, insérer la balle puis l'enfoncer avec une baguette. En conséquence, les soldats de l'armée impériale devaient posséder des incisives « militairement » parfaites. Ceux qui avaient des dents de devant manquantes ou trop écartées étaient jugés inaptes et se retrouvaient *ipso facto* réformés.

Quand on sait que les guerres napoléoniennes ont coûté la vie à près d'un million de soldats français, on comprend mieux la joie que pouvaient ressentir ceux qui étaient réformés pour raison dentaire. Échappant à l'enrôlement, ils suscitaient la jalousie de leurs camarades. D'où l'expression : « avoir les dents du bonheur ». On raconte même que, pour favoriser la destinée, certains n'hésitaient pas à arracher eux-mêmes leurs incisives !

Notons pour finir que l'armée napoléonienne est à l'origine d'une seconde expression populaire : « les vieux de la vieille ». Cette formule désignait, durant la Restauration, les anciens soldats de la Garde impériale, que l'on nommait « les vieux (soldats) de la vieille (garde) ». Ce titre honorifique fut ensuite repris dans le langage courant pour désigner plus généralement « les anciens ».

62.

Pourquoi l'Arc de Triomphe aurait-il pu être un éléphant ?

Avec la tour Eiffel, la cathédrale Notre-Dame, le cimetière du Père-Lachaise ou l'hôtel des Invalides, l'Arc de Triomphe fait partie des plus célèbres monuments de Paris. Chaque jour, des milliers de touristes du monde entier se pressent pour visiter ce symbole national, qui domine les Champs-Élysées depuis la place de l'Étoile. À la fin de la Première Guerre mondiale, le site accueille la tombe du Soldat inconnu et la flamme éternelle. Paris n'aurait certes pas eu le même visage si, à la place de ce majestueux édifice, avait été bâti un éléphant-musée, comme le prévoyait le projet initial...

Le 2 décembre 1805, jour du premier anniversaire de son sacre, Napoléon remporte à Austerlitz sa victoire la plus éclatante, battant en quelques heures les armées de l'empereur d'Autriche François II et du tsar Alexandre Ier. Il décide peu après d'ériger un arc de triomphe à la gloire de sa Grande Armée. Après avoir songé à la place de la Bastille, l'empereur se laisse convaincre par son ministre de l'Intérieur Nompère de Champagny de choisir plutôt la colline de Chaillot, au carrefour de l'Étoile, afin de développer ce quartier désert.

Une fois le site déterminé, Napoléon hésite sur l'aspect du monument à construire. S'inspirant d'un projet conçu au siècle précédent par l'architecte Ribart de Chamoust, il envisage de commander un « éléphant triomphal », dont l'intérieur serait aménagé en musée à sa gloire et dont la trompe ferait office de fontaine pour irriguer les jardins des Champs-Élysées !

Évidemment, Napoléon est sensible à la symbolique de cet animal qui renvoie aux conquérants de l'Antiquité Alexandre le Grand et Hannibal. Mais il opte finalement pour un arc de triomphe aux dimensions colossales, afin de renouer avec la tradition romaine et de s'inscrire dans la continuité des grands empereurs. D'ailleurs, n'a-t-il pas annoncé à ses soldats, à l'issue de la bataille d'Austerlitz : « *Vous ne rentrerez dans vos foyers que sous des arcs de triomphe* » ?

La première pierre est symboliquement posée le jour de son anniversaire, le 15 août 1806, sans que l'on sache encore à quoi ressemblera vraiment le monument. Mais le projet « éléphantesque » n'est pas abandonné pour autant ! Le 26 octobre 1808, Napoléon ordonne la construction d'une immense fontaine de bronze, représentant le pachyderme, sur la place de la Bastille. La première pièce est installée le 2 décembre 1808. Cependant, « l'éléphant de la Bastille », dont le bronze devait être fondu avec les canons pris aux insurgés espagnols, ne sera jamais achevé. Seule une version en plâtre subsistera entre 1814 et 1846. C'est ce même monument que Victor Hugo décrit, en des termes peu glorieux, dans *Les Misérables* (1862) et qui sert d'abri de fortune à Gavroche.

Finalement, une « colonne de Juillet » est érigée sur les fondations de l'éléphant, en hommage à la révolution de juillet 1830. Quant à l'arc de l'Étoile, ses travaux accumulent les retards. En 1810, pour le remariage de Napoléon avec l'archiduchesse Marie-Louise, c'est une simple maquette en bois et en toile peinte, grandeur nature, qui accueille l'Empereur et sa nouvelle épouse ! Malgré une autre suspension des travaux après la défaite de Russie, l'Arc de Triomphe est enfin achevé et inauguré le 29 juillet 1836 par Louis-Philippe.

Et l'éléphant ? Notons qu'à la fin du siècle, au fond du jardin du Moulin Rouge, se dressa un énorme éléphant en plâtre, provenant de l'Exposition universelle de 1889. À l'intérieur, on pouvait assister à un spectacle de… danse du ventre.

63.

Pourquoi les États-Unis sont-ils surnommés l'« Oncle Sam » ?

Les Américains sont connus sous deux surnoms. Le terme de *Yankees* désignait les habitants de la Nouvelle-Angleterre avant de qualifier dédaigneusement les nordistes durant la guerre de Sécession, et aujourd'hui l'ensemble de la population. Le second terme a des origines moins péjoratives : l'« Oncle Sam » est aux États-Unis ce que Marianne est à la République française. Comment ce personnage est-il né ?

Le 18 juin 1812, le Congrès américain vote une déclaration de guerre contre le Royaume-Uni, qui arraisonne ses navires de commerce à destination de la France napoléonienne. Pour les deux belligérants, la question du blocus continental n'est qu'un prétexte. Les États-Unis espèrent surtout mettre la main sur les colonies anglaises du Canada, tandis que le Royaume-Uni trouve là le moyen de châtier le pays qui, quelques décennies plus tôt, lui a arraché son indépendance.

Durant le conflit, l'un des fournisseurs de l'armée américaine est un homme d'affaires new-yorkais du nom de Samuel Wilson, dépeint comme un homme juste, honnête et dévoué à son pays. Chargé d'approvisionner les troupes en viande de bœuf, il expédie la marchandise dans des barils marqués *U.S.*, pour *United States*, propriété des États-Unis. On raconte qu'un jour les militaires de la base de Troy dans l'État de New York transformèrent la signification des fameuses initiales en *Uncle Sam*, pour honorer le paternalisme bon teint de leur fidèle fournisseur.

À partir des années 1830, les dessinateurs de presse vont populariser l'Oncle Sam en le personnalisant. Sur les premières illustrations, on découvre un personnage aux longs cheveux blancs, à la fois grand et mince – ressemblant moins à Samuel Wilson qu'à Andrew Jackson, président des États-Unis de 1829 à 1837. Après la guerre de Sécession, tandis que les représentations de l'Oncle Sam se multiplient dans la presse américaine, le caricaturiste Thomas Nast ajoute une dernière touche au portrait : une petite barbiche, en référence à Abraham Lincoln. Désormais, le personnage apparaîtra portant un nœud papillon rouge, une queue-de-pie bleue et un pantalon rayé rouge et blanc. Il sera en outre coiffé d'un haut-de-forme aux couleurs du drapeau des États-Unis.

La plus célèbre illustration demeure sans aucun doute celle de James Montgomery Flagg, réalisée en 1917 pour une affiche de recrutement de l'armée américaine à l'occasion de la Première Guerre mondiale. Tirée à plus de quatre millions d'exemplaires, elle montre l'Oncle Sam pointant un doigt déterminé en direction du lecteur et déclarant : « *I want you for U.S. Army* » (« Je te/vous veux pour l'armée américaine »).

En 1928, l'Oncle Sam de l'illustrateur Norman Rockwell apparaît plus détendu : doté d'ailes, il plane hilare dans les airs, pour célébrer la traversée de l'Atlantique par Lindbergh, un an plus tôt, et l'ouverture d'une période supposée de prospérité pour les États-Unis (nul ne peut alors imaginer la dramatique crise de 1929). Aussi, lorsque le pays se lance dans la Seconde Guerre mondiale, c'est l'affiche de Flagg qui sera reprise pour rallier de nouveau les bonnes volontés.

En 1961, le Congrès américain a reconnu officiellement que Samuel Wilson et l'Oncle Sam ne faisaient qu'un.

64.
Pourquoi les célèbres *Guards* britanniques portent-ils un haut bonnet en poil d'ours ?

Depuis quelques années, Londres rivalise avec Paris pour le titre de ville la plus visitée d'Europe. Certes, la capitale britannique dispose de nombreux atouts touristiques : Big Ben, le Tower Bridge, le musée de Mme Tussaud, la Tour de Londres, les bus à impériale ou encore la relève de la garde à Buckingham Palace. Chaque jour (un sur deux en hiver), des milliers de curieux se massent devant le palais pour photographier les célèbres *Guards* à l'impassibilité proverbiale, et dont le haut bonnet en poil d'ours marque les esprits. Quelle en est l'origine ?

Comme leur nom l'indique, les Guards ont la responsabilité de la garde rapprochée des souverains britanniques. Ce privilège remonte à la création de leur premier régiment, en 1656, par Charles II, alors en exil en Belgique durant la dictature de Cromwell.

Dans la seconde moitié du XVIIIe siècle, les « grenadiers » de plusieurs armées européennes – principalement française, anglaise et espagnole – ont adopté ce bonnet en poil d'ours qui présentait, parmi de multiples inconvénients (lourd, incommode, fragile), l'avantage de rendre leur silhouette plus imposante sur les champs de bataille. Il est aussi devenu une coiffure de prestige. Ainsi en France, durant la période napoléonienne, seuls les grenadiers à pied de la Garde impériale auront le privilège de le porter au combat. Dans le même esprit, c'est parce que, le 18 juin 1815, ils sont parvenus à vaincre à Waterloo ces terribles combattants, que les *1st Foot Guards* britanniques ont obtenu en récompense le droit de s'en coiffer à leur tour.

Aujourd'hui, la Guards Division est composée de cinq régiments d'infanterie, arborant chacun, planté sur le bonnet, un plumet de couleur différente : blanc pour les grenadiers, rouge pour les Anglais (*Coldstream Guards*), bleu pour les Irlandais, vert et blanc pour les Gallois. Quant aux Guards écossais, ils ne disposent tout simplement d'aucun plumet. Notons que si le bonnet des soldats est en poil d'ours, celui des officiers bénéficie de la texture plus douce et plus luisante de la femelle ourse !

Il faut préciser que les fourrures servant à confectionner ces prestigieux bonnets proviennent d'animaux canadiens tués accidentellement ou décédés de mort naturelle. Depuis plusieurs années, le bonnet des *Guards* suscite néanmoins une vive polémique auprès des associations nationales de protection animale, qui tentent d'en interdire l'usage. Plusieurs débats ont déjà eu lieu à la Chambre des communes afin de remplacer les poils d'ours par de la fibre synthétique. Une mesure qui ne manquera pas de révolutionner le protocole britannique !

65.

Pourquoi Simón Bolívar, qui était vénézuélien, donna-t-il son nom à la Bolivie ?

Surnommé le *Libertador*, le Vénézuélien Simón Bolívar est certainement le chef d'État sud-américain le plus célèbre de l'Histoire. Dans sa patrie d'origine, son prestige est tel qu'il a laissé son nom à l'un des 23 États qui la composent, à une dizaine de villes, au plus grand aéroport, au point culminant du pays et même à la monnaie nationale ! Pourtant, ce n'est pas le Venezuela qui fut nommé en hommage au plus grand libérateur de l'Amérique du Sud, mais la Bolivie. Pourquoi ?

Né en 1783 à Caracas, Simón Bolívar appartient à une famille créole, installée sur le continent sud-américain depuis le XVIe siècle. Il passe sa jeunesse en Europe, où son précepteur lui communique l'esprit des « Lumières ». Impressionné par la lutte d'émancipation américaine vis-à-vis de l'Angleterre, il fait le serment de libérer un jour l'Amérique latine de la tutelle de Madrid. C'est ainsi que lorsqu'il rentre au pays en 1807, il se rallie au mouvement insurrectionnel qui éclate peu après, profitant de l'affaiblissement de l'Espagne en lutte contre l'occupation française.

L'indépendance du Venezuela est proclamée dès le 5 juillet 1811, tandis que Bolívar s'illustre par ses premières victoires militaires contre les troupes restées fidèles à l'Espagne. Manquant de soutien populaire, les indépendantistes sont toutefois contraints de capituler l'année suivante. Le 15 décembre 1812, réfugié à Carthagène (dans l'actuelle Colombie), Bolívar publie un manifeste dans lequel il affirme sa volonté de poursuivre la lutte et de militer en faveur de l'unification de toute l'Amérique hispanique.

Six mois plus tard, à la tête des insurgés, il parvient à s'emparer de Caracas et reçoit de la municipalité le titre de *Libertador*. Pour s'opposer à la contre-offensive pro-espagnole, il se fait proclamer dictateur, cherchant à imposer son autorité par une répression brutale. Après avoir subi de nouvelles défaites face aux royalistes, il doit finalement quitter le pays à la fin de l'année 1814, pour se réfugier aux Antilles.

Durant ces quatre années d'exil, Bolívar constate qu'une nouvelle insurrection au Venezuela serait prématurée. Changeant son fusil d'épaule, il tente sa chance dans la Colombie voisine. C'est ainsi que, le 7 août 1819, grâce à plusieurs opérations audacieuses, il parvient à chasser de Bogota le vice-roi Juan Sámano. Après la fuite de ce dernier, déguisé en Indien, la Colombie peut proclamer son indépendance. L'horizon de Bolívar dépasse désormais le seul Venezuela, englobant l'ensemble de l'Amérique latine.

Le 24 juin 1821, la victoire de Carabobo exclut définitivement les Espagnols du Venezuela, lui permettant d'entrer triomphalement à Caracas. L'année suivante, il libère l'actuel Équateur. Enfin, le 9 décembre 1824, son fidèle lieutenant, le général Sucre, bat les Espagnols à la bataille d'Ayacucho, libérant le Pérou et l'actuelle Bolivie. Cette dernière victoire marque l'émancipation définitive de l'Amérique du Sud.

Le 6 août 1825, le Haut-Pérou ou « Charcas » proclame son indépendance par rapport au Pérou, et Simón Bolívar rédige en personne la Constitution de la nouvelle République. Occupant déjà les plus hautes fonctions en Colombie, au Venezuela et au Pérou, il est nommé premier président du pays. En son honneur, la nation nouvelle prend le nom de Bolivie.

66.

Pourquoi le coq symbolise-t-il la France ?

La plupart des États du monde, voire certaines villes, possèdent pour emblème officiel un animal. En Europe, trois animaux se partagent l'essentiel des faveurs. Le premier est évidemment l'aigle, emblème impérial depuis l'époque romaine que se partagent plusieurs pays : Allemagne, Albanie, Autriche. Le lion vient en seconde position, hérité de la tradition héraldique médiévale : symbole de sagesse, de justice, le roi des animaux est utilisé au Royaume-Uni, en Belgique, aux Pays-Bas, ainsi que sur les armoiries de plusieurs cités, comme Lyon. Le troisième animal est l'ours : symbolisant la force, il représente la Russie, ainsi que les villes de Berlin et de Berne. Quant à la France, elle se distingue avec son coq ! Quelle est l'origine d'un tel emblème ?

L'utilisation du coq est plus ancienne que la monarchie française. Durant l'Antiquité, l'emblème des Gaulois était l'alouette – le mot « alouette » est d'ailleurs l'un des rares termes d'origine gauloise ayant subsisté dans notre vocabulaire. Mais le coq va supplanter l'alouette à la faveur d'une simple coïncidence linguistique. En effet, en latin, le mot *gallus* signifie à la fois « gaulois » et « coq », ce qui inspire bon nombre de railleries aux Romains qui considèrent ces orgueilleux volatiles comme ridicules face à l'aigle impérial.

Or, par bravade, les Gaulois vont progressivement adopter cet animal, symbole de vigilance et de courage, qui sera repris ensuite par les Francs. Cependant, le coq ne s'imposera véritablement comme animal emblème de la France qu'à partir du XVIIe siècle.

Ainsi, en 1612, lors des fiançailles de Louis XIII et Anne d'Autriche, la place Royale inaugurée pour l'occasion est décorée de coqs pour représenter la France, et de lions pour l'Espagne. De même, en 1665, afin de célébrer la prise de la ville du Quesnoy (Nord) aux Espagnols, une médaille officielle montre le coq français mettant en fuite un lion de Castille !

À partir de ce moment, les adversaires des Français, les Hollandais surtout, vont utiliser systématiquement des coqs pour les caricaturer. Il n'empêche : durant la Révolution, le fier volatile apparaît sur l'écu constitutionnel de six livres gravé par Augustin Dupré. Mieux, avec la Restauration, qui marque le retour de la fleur de lys, les Républicains vont s'approprier et promouvoir le coq comme emblème national. Aussi, le 30 juillet 1830, l'une des premières ordonnances signées par Louis-Philippe après l'abdication de Charles X est de faire figurer le coq gaulois sur les boutons d'habit de la Garde nationale et d'en surmonter ses drapeaux.

Dédaigné par Napoléon III qui, comme son oncle, préférait l'aigle, le coq devient néanmoins un emblème quasi officiel sous la IIIe République. Il figure ainsi sur le sceau de la République française (créé en 1848) et orne les monnaies, les cachets, les timbres, les insignes. Depuis 1889, l'oiseau apparaît au-dessus de l'écusson « RF » sur la grille du parc du palais de l'Élysée.

La République française lui préférant désormais Marianne, il est aujourd'hui surtout utilisé comme emblème sportif, ce qui prête à certaines railleries. Nos voisins aiment faire remarquer que cet animal présomptueux est le seul à continuer à chanter du haut de son tas de purin. Déjà, Sénèque ironisait : « *Le coq est un roi sur son fumier.* » Qu'importe ! Il demeure un symbole porte-bonheur, tant il incarne le courage et la pugnacité.

67.

Pourquoi un opéra fut-il à l'origine de l'indépendance de la Belgique ?

Depuis de nombreuses années, la question de la scission de la Belgique entre le Nord flamand et le Sud francophone ressurgit régulièrement. Cette fragilité de l'unité nationale est la conséquence directe de l'histoire du pays, disputé depuis le Moyen Âge par les grandes puissances européennes. Le royaume n'obtint d'ailleurs son indépendance qu'en 1830. Chose étonnante : c'est un opéra qui mit le feu aux poudres…

Lors du congrès de Vienne de 1815, qui marque le redécoupage de l'Europe à la suite de la chute de l'Empire napoléonien, l'actuelle Belgique est unie aux Pays-Bas au sein du « Royaume-Uni des Pays-Bas ». La création de cet État tampon est imposée par l'Angleterre pour empêcher la France de se relancer à la conquête de l'Europe. Guillaume Frédéric d'Orange-Nassau, prince souverain des Pays-Bas depuis 1813, devient roi du nouveau royaume unifié sous le nom de Guillaume Ier.

Mais entre les deux peuples, la cohabitation s'avère difficile. D'abord pour des raisons religieuses, puisque les Hollandais sont pour majorité calvinistes, tandis que les Belges demeurent catholiques. Ensuite pour des questions linguistiques, car la bourgeoisie belge est francophone, regardant davantage vers Paris que vers Amsterdam. Si le roi prétend ne faire aucune différence entre ses sujets, il privilégie néanmoins les Hollandais, qui composent les 9/10ᵉ de son gouvernement. Il impose d'ailleurs l'emploi du néerlandais dans l'armée. En conséquence, bien que numériquement majoritaires et disposant du territoire le plus industrialisé, les Belges se perçoivent comme des citoyens de second rang. Et beaucoup d'entre eux rêvent d'obtenir leur indépendance.

Les 27, 28 et 29 juillet 1830 à Paris, une révolution populaire renverse le roi Charles X, qui doit céder son trône à Louis-Philippe, jugé plus libéral. En Belgique, l'événement rencontre un écho considérable auprès des partisans d'une sécession. L'agitation grandit avec la publication d'affiches et de graffitis antigouvernementaux.

Le soir du 25 août 1830 à Bruxelles, le théâtre Royal (actuel théâtre de la Monnaie) donne une représentation de *La Muette de Portici*, du compositeur français Daniel-François-Esprit Auber. Exaltant les idéaux de patrie et de liberté, cet opéra raconte un soulèvement des Napolitains contre les troupes de Philippe IV d'Espagne. Lorsque, au deuxième acte, le ténor Lafeuillade entonne : « *Amour sacré de la patrie ; / Rends-nous l'audace et la fierté ; / À mon pays je dois la vie ; / Il me devra sa liberté* », le public s'enflamme et reprend le refrain avec ferveur.

Les spectateurs quittent le théâtre dans un état d'exaltation. Dans les rues, les slogans indépendantistes se répandent comme une traînée de poudre et des émeutes éclatent. À l'hôtel de Ville, des notables se réunissent pour former une garde. Durant les jours qui suivent, le roi propose de réunir des états généraux à La Haye, mais la révolte anti-hollandaise s'emballe et se répand dans toute la Wallonie francophone.

Le 23 septembre, l'armée royale entre dans Bruxelles pour mater l'insurrection. Mais elle rencontre une résistance si déterminée de la population qui érige des barricades que, trois jours après, elle reçoit l'ordre de se retirer. Le lendemain, les États généraux de La Haye tentent un compromis en votant la « séparation administrative » de la Belgique. Il est trop tard : en position de force, le gouvernement provisoire belge s'est constitué et vient de proclamer l'indépendance du pays. Elle sera entérinée par les puissances européennes l'année suivante, lors de la conférence de Londres.

68.

Pourquoi, depuis 184 ans, le drapeau belge n'est-il pas dans le bon sens ?

Ceci n'est pas une blague belge ! Lorsque les supporters agitaient fièrement les drapeaux du royaume de Belgique lors de la Coupe du monde de football de 2014, certains journaux ont profité de l'occasion pour nous apprendre que les habitants du plat pays n'avaient pas le bon drapeau. Ou plus exactement, que les couleurs du drapeau national – noir, jaune et rouge –, ne sont pas placées dans l'ordre fixé par la Constitution de 1830, à savoir « *rouge, jaune et noir* ». En voici la raison.

Le 25 août 1830, à la suite de la représentation de *La Muette de Portici*, éclate à Bruxelles un grand mouvement d'insurrection contre l'occupation hollandaise[1]. Le soir même, les révolutionnaires belges déploient un drapeau tricolore. Ses couleurs sont le bleu, le blanc et le rouge, c'est-à-dire l'étendard français – confectionné à partir des rideaux de l'appartement du directeur du journal pro-hollandais *Le National*, première cible des insurgés.

Cette insurrection se passe quelques semaines après la révolution française de juillet 1830, qui a mené à l'abdication de Charles X et contribué largement à encourager les

1. Cf. sujet précédent.

insurgés belges. Or les instigateurs de la révolte sont des notables bruxellois francophones, dont un certain nombre souhaitent le rattachement de la Belgique à la France.

Cependant, hissé sur l'hôtel de Ville, le drapeau français est loin de faire l'unanimité (d'autant que ses couleurs sont aussi celles du drapeau hollandais). Dès le lendemain, le journaliste et avocat néerlandophone Lucien Jottrand charge son collègue Édouard Ducpétiaux de remplacer les drapeaux français flottant un peu partout dans Bruxelles par un nouvel étendard aux couleurs du Brabant (la province de Bruxelles) : noir, jaune et rouge.

Ducpétiaux se rend dans un magasin d'aunage pour passer commande. La couturière, Marie Abst, réalise sans tarder deux drapeaux, composés de trois bandes de mérinos placées horizontalement : rouge en haut, jaune au milieu et noir en bas. Le premier est aussitôt accroché au balcon de l'hôtel de Ville, tandis que le second est brandi à la tête de la première compagnie de la Garde bourgeoise, afin de rallier le peuple à la cause nationale. Le drapeau belge est né.

Il est officiellement adopté par le gouvernement provisoire le 30 septembre, puis par le Congrès national. Le 23 janvier 1831, afin de marquer sa différence avec l'ancien occupant hollandais (dont le drapeau est composé de bandes horizontales bleu-blanc-rouge), un arrêté provisoire décrète que les trois bandes seront verticales. Le rouge est alors à la hampe (contre la lance). Cette modification est actée dans la Constitution (art.193).

Mais le 12 octobre 1831, afin d'accorder le drapeau belge au pavillon naval – et à la demande du Département de la marine belge –, les autorités inversent l'ordre des couleurs, mettant à la hampe la couleur la plus foncée, c'est-à-dire le noir. Or si les drapeaux sont dûment modifiés, on oublie de rectifier la Constitution, qui continue donc, depuis près de 200 ans, de parler d'un drapeau national rouge, jaune et noir !

69.

Pourquoi dit-on : « On n'est pas sorti de l'auberge » ?

L'origine d'un bon nombre d'expressions populaires s'est perdue dans les coulisses de l'Histoire. L'un des exemples les plus frappants concerne celle-ci : « On n'est pas sorti de l'auberge », employée lorsqu'on se trouve dans une situation inextricable. Associer les ennuis à une auberge semble paradoxal, puisqu'un tel établissement est par définition réservé à un séjour volontaire et provisoire. Pourquoi cette métaphore ?

Pour comprendre le sens de cette expression remontant au XIXe siècle, deux explications sont avancées. La plus répandue est d'ordre linguistique. Dans l'argot des délinquants de l'époque, le terme « auberge » était utilisé pour parler de la prison, ce lieu où les condamnés trouvaient le gîte et le couvert, parfois pour de longues années, et dont ils ne pouvaient guère sortir à volonté. « On n'est pas sorti de l'auberge » évoquait les interminables journées séparant un prisonnier de sa libération effective. La seconde explication, toutefois sujette à caution, renvoie à un macabre fait divers qui fit couler beaucoup d'encre.

Le 26 octobre 1831, on découvre sur le plateau ardéchois le cadavre d'un riche maquignon, Jean-Antoine Enjolras. Son crâne a été fracassé. Rapidement, l'enquête menée par le juge de paix Étienne Filiat-Duclaux révèle que la victime a séjourné quelques jours plus tôt à l'auberge de Peyrebeille, à quelques kilomètres de là. Quatre personnes sont immédiatement arrêtées : les tenanciers Pierre et Marie Martin, leur neveu André et leur domestique Jean Rochette.

Aussitôt, une effroyable rumeur se propage, attribuant aux aubergistes toutes les morts suspectes survenues dans la région depuis une trentaine d'années. On parle d'une cinquantaine de victimes, qui auraient été assassinées pour être détroussées ! L'établissement de Peyrebeille y gagne le surnom d'« auberge rouge », sans doute inspiré par le titre d'un roman de Balzac paru la même année, mais qui n'a strictement rien à voir avec l'affaire.

Le procès de l'« auberge rouge » se tient en juin 1833. 109 témoins sont appelés à la barre, où ils relaient les ragots les plus fous. Certains assurent avoir vu les murs et les draps tachés de sang. D'autres accusent les Martin d'avoir brûlé le corps de leurs victimes dans le four, y compris des enfants, et d'avoir servi les restes aux autres clients. En l'absence de preuves, les époux Martin et leur domestique ne sont finalement reconnus coupables que du meurtre d'Enjolras, sur la foi d'un seul témoignage, celui d'un vagabond, ivrogne notoire ne s'exprimant qu'en patois. Louis-Philippe ayant refusé de leur accorder sa grâce, les condamnés sont guillotinés le 2 octobre 1833. 30 000 personnes auraient assisté à leur exécution.

Pour de nombreux historiens, les époux Martin sont innocents des crimes qu'on leur imputa, simples victimes d'un règlement de comptes politique et local.

En 1951, ce fait divers sera adapté au cinéma par Claude Autant-Lara pour son film *L'Auberge rouge* avec Fernandel, et fera même l'objet d'un *remake* en 2007.

70.
Pourquoi l'obélisque égyptien de Louxor se trouve-t-il aujourd'hui place de la Concorde ?

Quel est le plus vieux monument de la capitale ? À cette question, certains spécialistes répondront les arènes de Lutèce, un amphithéâtre gallo-romain situé dans le Ve arrondissement et datant du Ier siècle de notre ère. D'autres opteront pour le pilier des Nautes, une colonne érigée sous le règne de Tibère et découverte sous les fondations de Notre-Dame de Paris. En réalité, le plus ancien édifice de Paris est bien antérieur à la fondation de la capitale, puisqu'il date du pharaon Ramsès II ! Il s'agit de l'obélisque de Louxor que l'on peut admirer sur la place de la Concorde. Pourquoi ce monument égyptien se trouve-t-il à Paris ?

Au XIVe siècle avant J.-C., le pharaon Amenhotep III fait ériger sur le site de Louxor, en Haute-Égypte (à 700 kilomètres au sud du Caire), un temple dédié au culte d'Amon. Un siècle plus tard, poursuivant les travaux de son prédécesseur, Ramsès II ajoute à l'édifice deux obélisques d'une vingtaine de mètres de hauteur, sur lesquels sont gravés des hiéroglyphes rendant hommage aux dieux. Puis 2 500 ans s'écoulent.

En 1805, profitant de la période d'anarchie qui suit l'échec de la campagne française, Méhémet Ali, un chef militaire ottoman d'origine albanaise, ravit le pouvoir aux Mamelouks et se voit proclamé « vice-roi » d'Égypte. Mais le pacha ne se contente pas d'une charge de gouverneur. Ce qu'il veut, c'est soustraire totalement le pays à la tutelle ottomane et fonder sa propre dynastie. Pour obtenir l'indépendance de l'Égypte, Méhémet Ali entreprend une vaste politique de modernisation. Répondant à son appel, des experts européens, en majorité français et anglais, l'aident à réformer le pays dans les domaines militaire, architectural, agricole, scientifique et commercial.

En 1826, pour les remercier d'avoir contribué à la modernisation de son royaume, Méhémet Ali décide d'offrir, à la France comme à l'Angleterre, un girafon. Notre girafe (dénommée par la suite Zarafa) sera ainsi la première de son espèce à fouler le sol français. Trois ans plus tard, il décide d'envoyer un nouveau cadeau aux deux pays, en l'occurrence des obélisques venus d'Alexandrie. En connaisseur avisé, Jean-François Champollion – qui est parvenu à déchiffrer les hiéroglyphes en 1824 – lui suggère d'offrir plutôt à la France les deux obélisques de Louxor, édifiés sous Ramsès II.

Compte tenu de leurs dimensions, les monuments ne pourront pas être acheminés en même temps et l'égyptologue choisit de transférer d'abord en France l'obélisque occidental. Sculpté dans un monolithe de granit, celui-ci mesure 22,84 mètres et pèse près de 230 tonnes ! Pour son transport, un bateau, le *Luxor*, est spécialement conçu dans l'arsenal de Toulon. Il ne faudra pas moins de deux ans pour démonter l'édifice et le transporter avec précaution, par bateau, de Louxor à la place de la Concorde, au centre de Paris.

Après ce fastidieux périple, l'obélisque est finalement érigé le 25 octobre 1836, devant une foule de 200 personnes, mais en l'absence de Champollion, décédé quatre ans plus tôt. Les difficultés de l'opération dissuadent les Français d'aller chercher le second obélisque. Officiellement propriété française, celui-ci demeurera à Louxor, jusqu'à ce que François Mitterrand le rende à l'Égypte en 1981.

Quant aux Anglais, ils avaient depuis longtemps renoncé à leur cadeau, encore plus monumental : l'obélisque de Karnak !

71.

Pourquoi les timbres britanniques sont-ils les seuls à ne pas mentionner leur pays d'émission ?

De nombreux pays du monde considèrent le Royaume-Uni comme une nation excentrique. Non seulement les Britanniques n'ont pas de Constitution, mais ils roulent à gauche, disposent de quatre équipes nationales de football (l'Angleterre, l'Écosse, le pays de Galles et l'Irlande du Nord) et ils emploient encore des juges à perruques ! Autre particularité : les timbres du Royaume-Uni sont les seuls au monde à ne pas porter la mention de leur pays d'émission. Pourquoi ?

La réponse à cette question tient au fait que le timbre-poste est précisément une invention britannique. À l'origine, au Royaume-Uni comme dans toute l'Europe, les frais d'acheminement du courrier étaient acquittés par le destinataire, en fonction de la distance parcourue et du nombre de feuillets. Ce système possédait plusieurs inconvénients. D'abord, les tarifs étaient prohibitifs, conduisant de nombreux destinataires à refuser les lettres et obligeant la poste à transporter à perte une quantité importante de plis. Ensuite, ce dispositif de port dû obligeait les agents postaux à transporter de fortes sommes, ce qui les soumettait à de fréquentes agressions. Enfin, le manque de réglementation entraînait quantité de fraudes.

En 1837, un enseignant britannique, Rowland Hill, aperçoit dans une auberge une jeune femme contrainte de refuser une lettre de son amoureux parce qu'elle n'a pas les moyens d'en régler le port. Hill propose de régler la somme pour elle, mais la jeune femme refuse : la lettre est vide, lui explique-t-elle, son fiancé a simplement inscrit sur l'enveloppe quelques informations codées qui lui permettent d'annoncer gratuitement qu'il va bien. Marqué par cet épisode, Hill rédige un mémorandum intitulé « La réforme postale : importance et faisabilité », qu'il parvient à transmettre au Premier ministre, lord Melbourne.

Constatant que le revenu des postes britanniques stagne depuis vingt ans alors que la population s'est considérablement accrue sur la même période, il dénonce le coût élevé du port des lettres et son recouvrement à l'arrivée. Selon lui, la solution serait d'établir un prix unique pour tous les envois intérieurs, fixé à un penny et à la charge de l'expéditeur. Soutenue par des millions de pétitionnaires, la réforme est inscrite au budget du Parlement en août 1839. Sur une idée du libraire et imprimeur James Chalmers, on crée ensuite une vignette adhésive mobile d'un penny, dont l'impression, la vente et l'oblitération sont assurées par l'administration postale.

Avec le concours d'artistes et les suggestions de milliers de correspondants anonymes, les services postaux britanniques créent, le 6 mai 1840, le tout premier timbre-poste de l'Histoire. Surnommé « Penny Black », parce qu'il montre sur fond noir le profil de la jeune reine Victoria, il permet d'envoyer une lettre d'un maximum de quatorze grammes. Son succès est immédiat.

Or, comme il est le tout premier timbre-poste du monde, personne n'a songé à mentionner dessus son pays d'origine. Depuis cette date, tous les timbres-poste britanniques représentent le monarque régnant, sans autre forme de précision. L'idée sera reprise ensuite par quantité d'autres États. En France, le premier sera émis sous la IIe République, en 1849.

72.

Pourquoi le palais de l'Élysée est-il la résidence officielle des présidents de la République ?

Le palais de l'Élysée symbolise à ce point la fonction présidentielle que les commentateurs ont pris l'habitude de dire « l'Élysée » pour désigner le pouvoir exécutif français, au même titre que « la Maison-Blanche » pour les États-Unis ou « le Kremlin » pour la Russie. Pourquoi ce palais est-il devenu la résidence officielle des présidents de la République ?

L'histoire de l'Élysée commence en 1718, lorsque le comte d'Évreux décide de bâtir un hôtel particulier au cœur de Paris. L'architecte Armand-Claude Mollet se charge de sa réalisation, sur un terrain ayant appartenu au jardinier Le Nôtre. À la mort du comte, en 1753, l'hôtel d'Évreux est acheté par la marquise de Pompadour et embelli par Jean Cailleteau. Léguée à Louis XV, la résidence est ensuite rachetée par le financier Nicolas Beaujon, puis par Louis XVI, qui finalement la cède à sa cousine la duchesse de Bourbon.

C'est durant la Révolution que l'hôtel prend le nom d'Élysée, en référence aux allées voisines des Champs-Élysées. Il abrite d'abord l'Imprimerie nationale, avant d'être transformé sous le Directoire en établissement de plaisir ! En 1805, le palais est ensuite vendu à Joachim Murat, beau-frère de Napoléon, dont la femme Caroline y donne de somptueux bals. Lorsque, en 1808, Murat monte sur le trône du royaume de Naples, la résidence est cédée à l'Empereur et prend le nom d'Élysée-Napoléon.

Bonaparte y séjourne régulièrement et s'y installe même durant les Cent-Jours. C'est en ce lieu, dans le salon d'Argent, le 22 juin 1815, qu'il signe sa deuxième abdication. Donné par Louis XVIII au duc de Berry, l'Élysée demeure inhabité après l'assassinat de ce dernier en 1820. Il sert ensuite de résidence aux hôtes étrangers en visite en France.

Lors de la révolution de 1848, qui instaure la IIe République, il prend le nom d'Élysée National et ses jardins sont ouverts au public. Le nouveau régime ayant besoin d'un chef de l'État, la première élection présidentielle au suffrage universel est organisée. Elle voit la victoire, à une écrasante majorité, de Louis-Napoléon Bonaparte, neveu de Napoléon. Désirant à la fois couper les ponts avec la tradition monarchique et ne pas donner des idées de grandeur au nouvel élu, l'Assemblée rejette le traditionnel palais des Tuileries et préfère choisir l'Élysée comme résidence officielle de ce premier président de la République. L'attribution est votée par décret le 12 décembre 1848.

Louis-Napoléon Bonaparte demeurera au palais de l'Élysée jusqu'en 1852, date à laquelle il emménagera aux Tuileries. Après la chute du second Empire, le palais reprend le titre d'Élysée National et, en septembre 1874, le président Mac Mahon s'y installe. Ce n'est toutefois que par la loi du 22 janvier 1879 que l'Élysée devient la résidence officielle des présidents de la République française.

73.

Pourquoi Verdi a-t-il servi l'unité italienne ?

Giuseppe Verdi est certainement le compositeur italien le plus célèbre au monde. Si, en France comme ailleurs, son nom reste associé aux plus illustres opéras (*Nabucco*, *Aida* ou *La Traviata*), en Italie Verdi est aussi admiré comme l'un des pères de l'unification du pays – au même titre que Garibaldi ou Cavour. Bien que l'artiste se soit peu impliqué dans les événements, « Viva Verdi » devint le slogan des partisans italiens. Pourquoi ?

Au milieu du XIXe siècle, la péninsule italienne est divisée en plusieurs petits États, pratiquement tous soumis à l'Autriche. Seul le royaume de Piémont-Sardaigne, dont la capitale est Turin, jouit d'une véritable autonomie. En 1848, la révolution déclenchée à Paris embrase une grande partie de l'Europe. Le comte piémontais Camillo Benso di Cavour qui, l'année précédente, a fondé le journal *Il Risorgimento* (Résurgence), ambitionne d'accroître l'influence de son royaume sur le nord de la péninsule. Il convainc le roi Charles-Albert Ier de Piémont d'entrer en guerre contre l'Autriche, afin de la chasser de Lombardie et de Vénétie.

Mais les Piémontais sont vaincus à Custozza, puis à Novare. Pour éviter l'humiliation, Charles-Albert Ier abdique, en mars 1849, en faveur de son fils Victor-Emmanuel II de Savoie. Le nouveau roi de Piémont-Sardaigne nomme alors Cavour Premier ministre. Ce dernier ne souhaite plus se contenter d'un agrandissement du Piémont, mais entend désormais réaliser l'unité de toute l'Italie autour de Victor-Emmanuel II. Cette idée séduit peu à peu de nombreux patriotes italiens, y compris des républicains tels que Garibaldi.

Le 29 avril 1859, une nouvelle guerre éclate entre le Piémont et l'Autriche. Pour affirmer leur soutien au roi, tout en évitant la censure, les patriotes inscrivent sur les murs du pays le graffiti *Viva Verdi*, du nom du compositeur dont le nouvel opéra, *Un ballo in maschera* (Un bal masqué), triomphe au même moment. En réalité, il s'agit d'un code de ralliement signifiant : *Viva Vittorio Emanuele Re D'Italia* (Vive Victor-Emmanuel Roi D'Italie).

Ce subterfuge permet aux activistes italiens de défier le contrôle politique autrichien ou pontifical. Le 4 juin 1859, alliés aux Français, les Piémontais sont vainqueurs des Autrichiens à la bataille de Magenta, ce qui leur permet de libérer la Lombardie. Cette victoire réveille les patriotes d'Italie centrale, qui commencent à voir en Victor-Emmanuel II un possible rassembleur de l'unité italienne. L'unification de la péninsule s'achèvera l'année suivante, grâce à Garibaldi.

Lors de la célèbre rencontre de Teano, le 26 octobre 1860, Garibaldi salue Victor-Emmanuel II comme le premier roi d'Italie. La capitale du nouveau royaume est transférée de Turin à Florence, en attendant la désignation de Rome. Le 17 mars 1861 est proclamé officiellement le royaume d'Italie.

Giuseppe Verdi n'a pas pris part directement à l'unification, mais certaines de ses œuvres ont pu inspirer le mouvement national : créé en 1842, son célèbre opéra *Nabucco*, et en particulier le chant *Va pensiero*, mobilisa les Italiens contre l'occupation autrichienne – ils comparaient leur sort à celui des esclaves hébreux à Babylone. C'est sans doute pour cela qu'en 1861 le compositeur acceptera un poste de député, moins par passion politique que par conscience patriotique.

74.

Pourquoi le Var est-il le seul département à porter le nom d'un fleuve qui ne le traverse pas ?

Lorsque l'Assemblée constituante crée en 1790 les départements français, les révolutionnaires prennent soin de gommer toute référence à l'Ancien Régime dans les noms attribués aux nouvelles circonscriptions. C'est ainsi qu'on choisit de les baptiser en fonction d'éléments naturels locaux, comme des fleuves ou des rivières. Pourtant, si l'on observe une carte, on peut constater que le département du Var n'est pas traversé par le fleuve du même nom – qui coule uniquement dans les Alpes-Maritimes voisines. Alors pourquoi ce nom ?

Lors de sa création en 1790, le département du Var comprenait l'arrondissement de Grasse et s'étendait jusqu'au Var, fleuve formant la frontière avec le royaume de Piémont-Sardaigne. En 1849, cherchant à libérer l'Italie du Nord de la domination autrichienne, ce royaume subit une cinglante défaite à Novare[1]. Conscients que le Piémont ne pourrait expulser l'Autriche d'Italie sans une aide extérieure, le nouveau roi Victor-Emmanuel II et son Premier ministre Cavour cherchent à obtenir le soutien de la France.

Les 20 et 21 juillet 1858, dans la station thermale vosgienne de Plombières, Cavour rencontre en secret

1. Cf. sujet précédent.

Napoléon III et parvient à le convaincre d'apporter son support militaire dans la guerre à venir contre l'Autriche. En échange, il est convenu que la France recevra la Savoie et le comté de Nice, alors possessions piémontaises.

La guerre avec l'Autriche éclate l'année suivante. Grâce au soutien français, l'Italie est réunifiée. En conséquence, le 24 mars 1860, Napoléon III et Victor-Emmanuel II signent le traité de Turin, par lequel le comté de Nice et la Savoie sont rattachés à la France. Cette annexion suscite l'indignation de nombreux patriotes italiens, et tout particulièrement celle de Giuseppe Garibaldi, natif de Nice. Au nom du droit des peuples à disposer d'eux-mêmes (une première à l'époque), un référendum est aussitôt organisé dans les deux territoires concernés – qui se solde par un plébiscite en faveur du rattachement à la France.

En Savoie, on compte seulement 235 refus pour 130 000 votants, et à Nice 160 pour 30 000 ! Le 12 juin 1860, les deux territoires sont officiellement incorporés à la France. La Savoie est divisée en deux départements, Savoie et Haute-Savoie, tandis que le comté de Nice est rattaché à l'arrondissement de Grasse pour former un nouveau département : les Alpes-Maritimes.

Depuis cette date, le Var n'est donc plus traversé par le fleuve éponyme. Plusieurs projets de changement de nom ont été proposés par la suite, par exemple de rebaptiser le Var l'« Argens », du nom du principal fleuve traversant le département d'ouest en est. Mais sans succès. Qui sait finalement si cette spécificité ne constitue pas une forme de fierté pour les Varois ?

75.

Pourquoi Abraham Lincoln portait-il la barbe ?

Seizième président des États-Unis et l'un des quatre à présenter son visage sculpté sur le mont Rushmore (aux côtés de Washington, Jefferson et Roosevelt), Abraham Lincoln est parmi les plus célèbres hôtes de la Maison-Blanche. Durant les quatre années de son mandat, il abolit l'esclavage et mit fin à la guerre de Sécession. Son physique atypique aura marqué les mémoires : 1,93 mètre, maigre, des cheveux noirs et épais, un long nez, de grandes oreilles, ainsi qu'une emblématique barbe en collier – qu'il n'aura pourtant portée que dans les dernières années de sa vie. Voici pourquoi.

Issu d'une famille de bûcherons illettrés, Abraham Lincoln voit le jour en 1809 dans une cabane en bois du Kentucky. D'une imposante carrure et maniant habilement la hache, il commence par gagner sa vie en exerçant les tâches les plus pénibles : bûcheron, magasinier, valet de ferme... En dépit des difficultés quotidiennes, il apprend à lire et s'intéresse au droit.

En 1833, il débute son ascension sociale en obtenant l'emploi de receveur des postes à New Salem, dans l'Illinois. Il en profite pour étudier le droit et décrocher l'examen du barreau. En 1837, il s'établit à Springfield, capitale de l'Illinois. Son intégrité lui vaut le surnom de *Honest Abe* (l'honnête Abraham). Parallèlement, il entame une carrière politique locale et rejoint le rang des whigs (libéraux).

Doté d'une voix chaude, servie par un grand esprit de repartie et un langage compréhensible par tous, Lincoln est élu comme représentant à la Chambre de l'Illinois, avant de faire son entrée en 1846 à la Chambre des représentants à Washington. Mais son hostilité à la guerre contre le Mexique, qu'il estime immorale, lui vaut d'être accusé d'antipatriotisme. Renonçant à solliciter un nouveau mandat, il retrouve sans regret son cabinet d'avocat.

C'est la question de l'esclavage qui va le remettre sur le devant de la scène politique. Divisé sur le sujet, le parti whig subit une scission qui aboutit, en 1856, à la création du parti républicain, partisan de l'abolition. Lincoln devient l'un de ses chefs de file, rapidement connu dans le pays pour ses brillants discours. En 1860, il obtient l'investiture républicaine pour l'élection présidentielle.

Le 19 octobre, à quelques semaines du vote, il reçoit de Westfield (État de New York) la lettre d'une fillette de onze ans, Grace Bedell : « *J'ai quatre frères et une partie d'entre eux votera pour vous de toute façon. Mais si vous vous laissez pousser la barbe, j'essaierai d'obtenir des autres qu'ils votent aussi pour vous. Vous seriez beaucoup plus beau car votre visage est si maigre. Toutes les femmes aiment les hommes barbus et elles inciteraient leur mari à voter pour vous, et comme ça vous seriez président.* » Lincoln lui répond le jour même : « *En ce qui concerne ma barbe, n'en ayant jamais porté, ne pensez-vous pas que les gens parleraient d'affectation ridicule… ?* »

Toujours est-il qu'à la suite de cette lettre, Abraham Lincoln opte bien pour la barbe, à la fois pour cacher sa maigreur, mais aussi pour vieillir positivement son image, en se donnant un air plus vénérable. Le candidat républicain n'est âgé que de 51 ans. Bien lui en prend, car le 6 novembre 1860, il est élu avec 40 % des voix. Dorénavant, il gardera la barbe. Jusqu'à son assassinat, le 14 avril 1865.

76.
Pourquoi la Croix-Rouge est-elle née à la suite de la bataille de Solférino ?

Au même titre que la guerre de Sécession aux États-Unis ou celle de 1870 en France, la guerre d'indépendance italienne de 1859-1860 est considérée comme l'une des premières guerres modernes de l'Histoire. Son lot de massacres annonce les horreurs militaires du XXe siècle. L'une de ses batailles, Solférino, fut si meurtrière qu'elle entraîna la fondation de la plus illustre organisation internationale humanitaire : la « Croix-Rouge ». Retour sur cet épisode.

Après avoir obtenu le soutien de la France avec Napoléon III, le royaume de Piémont-Sardaigne entre en guerre contre l'Autriche le 26 avril 1859. Le 4 juin, les Piémontais et leurs alliés français affrontent l'ennemi commun à Magenta, dans une région marécageuse à l'ouest de Milan. Les Franco-Italiens l'emportent de justesse sur les Autrichiens, Napoléon III manquant d'être fait prisonnier avec son état-major. La bataille a coûté la vie à près de 15 000 hommes. Disposant encore de 180 000 soldats, l'armée autrichienne opère une retraite ordonnée vers le lac de Garde, en prenant soin de détruire tous les ponts traversés pour ralentir l'ennemi lancé à sa poursuite.

Au matin du 24 juin, les deux armées sont de nouveau prêtes à en découdre. Sur une ligne de front de presque vingt kilomètres sont menées quatre batailles séparées. Au bout de quelques heures, Napoléon III ordonne une attaque massive au centre du front, sur le village de Solférino. Le maréchal de Mac Mahon s'empare de l'objectif, mais rencontre les plus grandes difficultés pour tenir sa position. Finalement, l'arrivée *in extremis* de renforts décourage l'ennemi qui, pour éviter l'encerclement, sonne une nouvelle fois la retraite.

Au terme de ces manœuvres sans claire stratégie, 22 000 Autrichiens, 12 000 Français et 6 000 Piémontais ont trouvé la mort. À la fois ému par cette hécatombe et inquiet à l'idée que la Prusse en profite pour entrer en guerre contre la France, l'Empereur juge qu'il est temps de signer un armistice avec l'Autriche, quitte à abandonner ses alliés italiens.

Le 24 juin au soir, un certain Henry Dunant arrive à Solférino afin de rencontrer Napoléon III. Ce banquier genevois âgé de 31 ans doit présenter une importante requête à l'Empereur. Cependant, la découverte du champ de bataille où gisent encore des milliers d'agonisants, l'odeur des charniers et les cris des blessés le bouleversent au point de le détourner de sa mission première.

Le jeune homme organise alors spontanément la prise en charge des soldats estropiés, aidé par les bonnes volontés locales, surtout des femmes. Il met en place un hôpital de fortune dans l'église de la ville voisine de Castiglione delle Stiviere, où sont conduits des centaines de rescapés des deux camps. Il parvient même à obtenir des Français qu'ils laissent les médecins autrichiens faits prisonniers s'occuper des blessés. Au cours des jours suivants, il crée d'autres hôpitaux de fortune, acheminant du matériel à ses propres frais.

Trois ans plus tard, encore hanté par le souvenir de Solférino, Dunant décide de lancer un appel à l'opinion européenne, au moyen d'un livre intitulé *Un souvenir de Solférino*. Avec quatre amis genevois, il crée le 17 juillet 1863 la première organisation neutre se donnant pour mission de secourir les victimes de guerre : le Comité international de la Croix-Rouge. Le 22 août 1864, est signée la première Convention de Genève « pour l'amélioration du sort des militaires blessés dans les armées en campagne ».

77.

Pourquoi la colonne Vendôme n'est-elle qu'une réplique ?

Située au centre de la place du même nom, dans le Ier arrondissement de Paris, la colonne Vendôme est l'un des monuments les plus admirés de la capitale. D'une hauteur de 44,30 mètres pour un diamètre moyen de 3,60 mètres, elle est surmontée d'une statue de Napoléon en César et décorée de bas-reliefs guerriers d'inspiration antique, qui s'enroulent en spirale sur une longueur totale de 280 mètres. Inspirée par la colonne Trajane de Rome, elle fut recouverte d'une chape de bronze, coulée à partir de canons ennemis. Pourtant, ce monument phare de la capitale n'est pas authentique…

La place Vendôme est créée sous le règne de Louis XIV et dessinée par le célèbre architecte Jules Hardouin-Mansart. Alors baptisée « place Louis-le-Grand », elle porte en son centre une statue équestre en bronze du Roi-Soleil. Symbole de la monarchie, celle-ci est naturellement abattue par les révolutionnaires en 1792.

Le 20 mars 1800, un arrêté proposé par Lucien Bonaparte, frère de Napoléon et ministre de l'Intérieur, ordonne que soit élevée dans chacun des départements français une colonne commémorative en l'honneur des soldats morts pour la France. À Paris, c'est la place Vendôme qui est choisie et Lucien Bonaparte y pose la première pierre le 14 juillet 1800.

Mais les travaux piétinent, puis changent d'orientation : Napoléon exige la construction d'une colonne en hommage à la Grande Armée, surmontée d'une statue de Charlemagne, semblable à celle élevée à Rome en l'honneur de Trajan. Après deux années de suspension, le projet est enfin relancé grâce aux efforts du graveur Vivant Denon, qui en dirige l'exécution. Des centaines de canons pris aux Russes et aux Autrichiens à la bataille d'Austerlitz sont fondus, tandis qu'on sculpte une statue de Napoléon en César. Baptisé « colonne de la Grande Armée », le monument est inauguré en 1810.

En 1814, dès la première abdication de Napoléon et l'occupation de Paris par les troupes de la Coalition, des émigrés royalistes font retirer la statue de Bonaparte et la remplacent par un drapeau blanc à fleur de lys. Quatre ans plus tard, la statue est même fondue pour réaliser la statue équestre d'Henri IV sur le pont Neuf. En 1833, Louis-Philippe, qui prépare déjà le retour des cendres de Napoléon, fait installer au sommet de la colonne Vendôme une nouvelle statue de l'empereur.

Finalement, trente ans après, Napoléon III transfère cette statue aux Invalides et la remplace, au sommet de la colonne Vendôme, par une copie de la première statue de Napoléon en César. Le 14 septembre 1870, dix jours après la chute de Napoléon III et la proclamation de la IIIe République, le peintre Gustave Courbet adresse, en tant que président de la Commission pour la protection des beaux-arts, une pétition proposant de déboulonner la colonne Vendôme, symbole de guerre, afin de la faire reconstruire aux Invalides.

Cette initiative reste sans suite. Mais, quelques mois plus tard, la Commune de Paris décrète la démolition de la colonne Vendôme, perçue comme « *un monument de barbarie* ». Le 16 mai 1871, la colonne est abattue et ses plaques de bronze aussitôt fondues. Deux ans plus tard, le président de la République Mac Mahon décide néanmoins de la rétablir. Tenu pour responsable de la destruction de la colonne, Gustave Courbet sera contraint de rembourser les travaux, en payant une traite de 10 000 francs par an durant trente-trois ans. Le peintre mourra quatre ans plus tard en exil, sans avoir effectué le premier versement !

78.

Pourquoi le 14 juillet est-il notre fête nationale ?

N'ayant abouti qu'à la libération de sept détenus de petite envergure, la prise de la Bastille du 14 juillet 1789 ne semble pas constituer l'un des faits marquants de l'histoire de la Révolution française. On aurait pu choisir l'épisode du serment du Jeu de paume (20 juin 1789), du vote de l'abolition de la féodalité (4 août 1789), de la Déclaration des droits de l'homme et du citoyen (26 août 1789), de l'adoption de la première Constitution (3 septembre 1791) ou encore de la naissance de la Première République (21 septembre 1792). C'est pourtant cet événement que citent spontanément la plupart des gens lorsqu'on leur demande ce que commémore notre fête nationale. Or ils se trompent. Pourquoi ?

Depuis l'ouverture des états généraux en mai 1789, Louis XVI n'exclut pas de recourir à la force contre les députés qui outrepassent leurs droits. Dans ce but, il a concentré en secret des régiments suisses et allemands non loin de Versailles. Le 12 juillet, trois jours après la proclamation de l'Assemblée nationale constituante, sous la pression de la cour, le roi renvoie son contrôleur général des Finances Necker, qui a soutenu le doublement du tiers.

Aussitôt, Camille Desmoulins appelle le peuple à prendre les armes. Le bruit court que les troupes royales s'apprêtent à entrer en force dans la capitale pour mettre les députés aux arrêts. Les Parisiens s'organisent et, au matin du 14 juillet, un comité populaire de plusieurs milliers de personnes se rend à l'hôtel des Invalides chercher des armes. Pénétrant dans l'arsenal, les émeutiers mettent la main sur plus de 20 000 fusils et une vingtaine de canons. Il leur manque cependant de la poudre, qui serait entreposée à la prison de la Bastille. La foule fait alors route vers la forteresse, défendue par une centaine de soldats suisses lourdement armés et disposant d'une douzaine de canons.

Le gouverneur de la prison, le marquis de Launay, cherche à gagner du temps. Il tente de parlementer avec les émeutiers pour permettre à un renfort militaire d'arriver. En vain. Ralliés par deux détachements de la garde, les émeutiers obtiennent la capitulation des défenseurs et l'accès à la Bastille. Les prisonniers sont libérés, les soldats lynchés et le marquis de Launay décapité par un boucher. Sa tête est promenée sur une pique. Le soir même, les révolutionnaires entreprennent, pierre par pierre, la destruction de la forteresse, symbole de l'arbitraire royal.

Dès lors, cette émeute sanglante se transforme en une victoire populaire sur l'absolutisme royal. À Versailles, se serait tenu le fameux échange entre le roi et le duc de La Rochefoucauld-Liancourt : « *Mais, c'est une révolte ! – Non, Sire, c'est une révolution !* » Prenant toute la mesure de l'événement, le comte d'Artois (futur Charles X) et quelques hauts personnages de la cour décident de quitter la France dès le lendemain.

Un an plus tard, le 14 juillet 1790, on célèbre au Champ-de-Mars le premier anniversaire de la prise de la Bastille. Lors de cette célébration populaire baptisée « Fête de la Fédération », Louis XVI prête serment à la Nation, dans un climat de liesse, empreint d'espoir et de réconciliation générale… L'année suivante malheureusement, dans une tout autre ambiance, la fête tournera court, s'achevant par une fusillade.

Abandonnée pendant près d'un siècle, la commémoration ne réapparaît qu'en 1880, sous la IIIe République, au moment où le tout nouveau régime républicain a besoin de symboles forts. Le 21 mai 1880, le député de la Seine Benjamin Raspail propose de faire du 14 juillet notre fête nationale, en référence à la prise de la Bastille de 1789. Mais sa proposition n'est pas accueillie unanimement par l'Assemblée, certains députés mettant en cause la violence de cette journée révolutionnaire.

La date sera néanmoins retenue, mais en référence à un autre événement ! Car contrairement à ce que l'on pense, la fête nationale ne commémore pas la prise de la Bastille – jugée en 1880 trop conflictuelle –, mais davantage la fête de la Fédération organisée un an plus tard, le 14 juillet 1790, plus consensuelle, qui célébrait l'union du peuple, de la nation et du roi.

Pour la petite histoire, c'est depuis lors que le Champ-de-Mars est plat et grâce à cela qu'on a pu y édifier la tour Eiffel, un siècle plus tard. Quel symbole !

79.

POURQUOI « POUBELLE » EST-IL UN NOM PROPRE ?

La poubelle est un objet qui nous est si familier que l'on peine à croire qu'il y a encore cent cinquante ans, elle n'existait pas. Et si ce nom fait désormais référence au récipient contenant les déchets, son inventeur, le préfet Eugène Poubelle, aurait mérité une plus glorieuse postérité. Explications.

Depuis le Moyen Âge, la gestion des déchets est un problème récurrent dans la gestion des villes. À Paris, malgré plusieurs décrets royaux, les habitants continuent à déverser de leurs fenêtres leurs eaux usées, qui s'écoulent dans un caniveau courant au milieu des rues. Quant aux encombrants, ils sont abandonnés dans des dépotoirs instaurés aux abords des cités, dans des lieux appelés « voiries ».

Il faut attendre le XIXe siècle, et notamment la grande épidémie de choléra de 1832, pour que l'hygiène publique devienne une véritable préoccupation politique. Les grandes villes commencent à mettre en place les premiers réseaux de tout-à-l'égout et tentent de lutter contre la prolifération des détritus. C'est dans ce contexte qu'est nommé en 1883 le nouveau préfet : Eugène Poubelle.

À l'époque, la préfecture est d'autant plus importante que la fonction de maire de Paris a été supprimée. C'est le préfet de la Seine qui administre vraiment la capitale. Tenant à améliorer l'assainissement de la « Ville lumière », Poubelle décide d'imposer à tous les habitants de simples réceptacles fermés destinés à l'évacuation des ordures ménagères. Soumis au conseil municipal, le projet est aussitôt validé.

Le 7 mars 1884, le préfet signe un arrêté qui interdit aux Parisiens de jeter par la fenêtre leurs eaux usées et autres détritus sous peine de 300 livres d'amende. Il impose en outre aux propriétaires de chaque immeuble de mettre à disposition de leurs locataires des récipients communs pour recevoir les déchets des ménages.

Poubelle décide aussi de la dimension et de la contenance de ces boîtes à ordures. Elles seront ramassées chaque jour par des balayeurs municipaux, qui préviendront de leur passage en soufflant dans une corne semblable à celle des employés du chemin de fer. Ces conteneurs sont fort mal accueillis par la population. D'abord par les chiffonniers, qui voient une partie de leur activité tomber en désuétude. Mais également par les Parisiens, persuadés que cette mesure ne fera qu'accroître l'insalubrité de la capitale. La grande presse se montre tout aussi rétive : un journaliste du *Figaro* qualifie par dérision les nouveaux réceptacles de « boîtes Poubelle ». Le nom restera !

Malgré cette hostilité quasi générale, les poubelles se généralisent bien vite dans la capitale, puis dans toutes les grandes villes. Eugène Poubelle est également à l'origine de la mise en service du tout-à-l'égout, ce qui lui vaudra finalement la reconnaissance des Parisiens lors de la résurgence du choléra en 1892. Il finira sa carrière comme ambassadeur au Vatican. Mais à jamais la postérité associera le nom de Poubelle aux ordures… Un hommage dont il se serait sans doute bien passé.

80.

Pourquoi une célèbre pizza porte-t-elle le nom d'une reine de Savoie ?

À l'origine, la pizza était un plat du petit peuple du sud de l'Italie, vendu directement dans la rue ou sur des comptoirs ambulants. Il s'agissait d'un coupe-faim constitué d'une pâte à pain sur laquelle on étalait toutes sortes d'ingrédients, le plus souvent des restes. Depuis, la pizza est devenu un plat internationalement plébiscité. Mais savez-vous que c'est en grande partie grâce à une reine d'Italie, Marguerite de Savoie ?

Lorsque, le 9 janvier 1878, meurt le premier roi d'Italie, Victor-Emmanuel II, son fils monte sur le trône sous le nom d'Humbert Ier. Le nouveau roi est marié à sa cousine germaine, Marguerite de Savoie, fille du duc de Gênes et d'Élisabeth de Saxe. L'allure majestueuse de la reine et son implication dans de nombreuses œuvres caritatives la rendent populaire auprès des Italiens, en dépit de ses idées conservatrices. Férue d'alpinisme, elle est aussi, en 1893, la première femme à gravir le mont Rose, deuxième sommet des Alpes après le mont Blanc. À l'occasion de cette ascension, la souveraine fait d'ailleurs construire la cabane « Reine Marguerite », qui demeure, aujourd'hui encore, le plus haut refuge d'Europe. Mais si le nom de la reine consort d'Italie est passé à la postérité, c'est grâce à une pizza !

Lors d'un voyage à Naples, Marguerite de Savoie entend parler de cette spécialité traditionnelle. Curieuse de la goûter, elle invite, le 11 juin 1889, dans son palais napolitain de Capodimonte, Raffaele Esposito, considéré à l'époque comme le meilleur des pizzaïolos. Esposito est à la tête de la plus ancienne pizzeria de la ville, *Pietro e basta Cosi*. Afin de complaire à sa reine, il prépare trois nouvelles recettes de pizza : la *Mastunicola* contenant du fromage, du basilic et du lard, la *Marinara* assaisonnée avec de la tomate, de l'ail et de l'origan, et la *Pomodoro y Mozzarella*.

Pour exprimer son patriotisme, Esposito a choisi de composer cette dernière à partir de trois ingrédients aux couleurs du drapeau italien : la tomate donne le rouge, le basilic le vert et, pour le blanc, il a opté pour un ingrédient jusque-là peu usité dans la composition de la pizza, car jugé trop onéreux, la *mozzarella*, fromage à pâte filée à base de lait de vache. Or, la souveraine va littéralement se régaler des trois pizzas, au point d'écrire une chaleureuse lettre de remerciements à Esposito, encore conservée de nos jours ! En son hommage, le pizzaïolo décide de rebaptiser sa troisième composition du nom de « Margherita ».

Le succès de la « Margherita » rendra la pizza, jusque-là mal perçue, populaire dans toute l'Italie. Et, après la Seconde Guerre mondiale, sa notoriété gagnera les quatre coins du globe. Pour le plus grand plaisir de nos papilles !

81.

Pourquoi le drapeau suisse est-il le seul à être de forme carrée ?

Parmi les 193 États admis à l'ONU, certains ont choisi des drapeaux atypiques. Celui du Paraguay possède deux faces différentes, celui du Mozambique présente un fusil, celui du Cambodge arbore le célèbre temple d'Angkor… Mais deux d'entre eux se singularisent par leur forme non rectangulaire. Le premier est celui du Népal, composé de deux triangles superposés. Le second celui de la Suisse, le seul à être carré. Quelle en est la raison ?

Avec le Danemark et l'Autriche, la Suisse revendique le plus vieux drapeau d'Europe. Celui-ci trouverait son origine dans la bataille de Laupen, du 21 juin 1339, qui opposa les troupes de l'empereur germanique Louis IV de Bavière aux Bernois et à leurs alliés confédérés. Pour se différencier de leurs adversaires, ces derniers abandonnèrent les couleurs propres à chaque canton, pour coudre une croix blanche à bras longs et étroits, sur leur poitrine, leurs manches et leurs collants.

Dès lors, chaque territoire reprendra sur sa bannière – qui est carrée, à la différence des pavillons maritimes qui sont rectangulaires – cette croix blanche, symbolisant son appartenance à la nation suisse. Le fond rouge, inspiré probablement de l'ancienne bannière bernoise, apparaît pour la première fois en 1422, lors de la bataille d'Arbedo à laquelle participent des soldats de plusieurs cantons.

Aussi lorsque, au début du XIXe siècle, la Confédération helvétique décide de se doter officiellement d'un drapeau national, le pays n'ayant ni façade maritime ni marine, l'étendard choisi reprend alors la bannière militaire carrée à croix blanche. Commun à toute la Suisse, un drapeau à croix blanche sur fond rouge est ainsi créé en 1821 et officialisé par la Constitution de 1848.

À l'origine, les quatre bras de la croix étaient carrés et de taille égale – autour d'un cinquième identique –, ce qui rendait le drapeau peu esthétique et engendrait de nombreuses critiques. Finalement, en 1889, l'Assemblée fédérale décide de transformer un peu la croix : ses bras sont désormais 1/6e plus longs que larges.

Pour l'anecdote, la forme carrée du drapeau suisse posa problème lors de l'adhésion du pays à l'ONU en 2002. Car un règlement stipule que les drapeaux hissés au siège de l'organisation doivent être rectangulaires. Heureusement, une disposition prévoit quelques exceptions : la réglementation nationale prévaut si le pays concerné accepte que la surface totale de son drapeau ne dépasse pas celle des autres.

Notons enfin qu'il existe deux autres drapeaux carrés : celui de la Croix-Rouge, qui est tout simplement le drapeau de la Suisse aux couleurs inversées, et celui du Vatican, dont l'étendard provient de la bannière militaire utilisée par la Garde suisse et reprise par les autorités pontificales lors de la création du drapeau du Saint-Siège.

82.

Pourquoi la fête du Travail est-elle célébrée le 1er mai ?

Pour la plupart des Français, le 1er mai représente le jour férié par excellence. Associé au muguet, il constitue chez nous le seul jour obligatoirement chômé (sauf pour quelques rares activités). Par ailleurs, la fête du Travail a depuis longtemps traversé les frontières et se trouve désormais commémorée dans plusieurs pays, chaque 1er mai. Pourquoi avoir choisi cette date ?

C'est durant la Révolution qu'une « fête du Travail » fut pour la première fois instituée par Fabre d'Églantine et Saint-Just. Elle se déroulait alors à la fin du mois de janvier. Pourtant, la fête du Travail contemporaine est d'origine américaine !

En novembre 1884, lors de son IVe congrès, le syndicat américain FOTLU (Federation of Organized Trades and Labour Unions) se donne un peu plus d'un an pour obtenir du patronat la limitation de la journée de travail à huit heures.

Les leaders syndicaux fixent comme date butoir le 1er mai 1886, le premier jour du mois de mai étant, dans l'État de New York et en Pennsylvanie, le premier jour de l'année comptable des entreprises : une date qui marque la signature des contrats de travail et de tous les baux commerciaux, d'où son surnom de *Moving Day* (« Journée du déménagement »). Le 1er mai 1886, si un grand nombre de travailleurs américains sont parvenus à obtenir satisfaction, 340 000 autres sont contraints de faire grève pour forcer leurs employeurs à céder, paralysant totalement le pays.

Deux jours plus tard, une nouvelle manifestation fait trois morts à Chicago. Une marche de protestation se tient dès le lendemain. Dans la soirée, tandis que les manifestants se dispersent, une bombe explose, causant la mort d'une quinzaine de policiers. Malgré l'absence de preuves, trois syndicalistes anarchistes seront pendus.

Au cours des années suivantes, des mouvements de grève sont lancés aux États-Unis tous les 1er mai. En 1889, la IIe Internationale socialiste, regroupant les socialistes de 23 pays, se réunit à Paris pour son deuxième congrès, à l'occasion du centenaire de la Révolution. Le 20 juin, sur une proposition de Raymond Lavigne, elle décide d'organiser une grande manifestation, à date fixe dans tous les pays, afin d'obtenir la journée de travail de huit heures. Puisque des manifestations semblables ont déjà lieu depuis 1886 aux États-Unis chaque 1er mai, le Congrès choisit tout naturellement cette date pour ce rassemblement annuel.

C'est ainsi que le 1er mai 1890, des ouvriers européens font grève et défilent dans plus de 130 villes, un triangle rouge à la boutonnière pour symboliser le partage de la journée en trois (huit heures de travail, huit heures de sommeil, huit heures de loisirs). À partir de cette date, le 1er mai sera célébré chaque année.

Au lendemain de la Première Guerre mondiale, la journée de huit heures est obtenue en France, ainsi que dans la plupart des pays. Dès lors, les manifestations traditionnelles du 1er mai ne vont plus se cantonner à cette revendication obsolète, mais se transformer en un grand rendez-vous ouvrier et syndical.

En 1920, la Russie de Lénine décide de faire du 1er mai une journée chômée, initiative qui sera peu à peu imitée par d'autres pays. En France, c'est le régime de Vichy qui, le 24 avril 1941, consacrera le 1er mai comme la « fête du Travail et de la Concorde sociale », faisant de cette journée un jour chômé.

Quant à la tradition d'offrir du muguet le 1er mai, elle est beaucoup plus ancienne, puisqu'elle remonte à Charles IX. Ce n'est qu'en 1907 que les manifestants s'en sont emparés, en décidant de porter un brin de muguet à leur boutonnière.

83.

Pourquoi Émile Zola a-t-il vu sa candidature refusée par l'Académie française à vingt-quatre reprises ?

Venu un jour assister à une séance publique de l'Académie française, se frayant un passage au milieu des nombreux curieux, le poète Alexis Piron eut ce bon mot au XVIIIe siècle : « *Il est plus difficile d'entrer ici que d'y être reçu !* » Pourtant, on ne compte plus les génies refusés à l'Académie : Balzac, Diderot, Dumas, Baudelaire, La Rochefoucauld, Barbey d'Aurevilly, Beaumarchais, Stendhal, Maupassant, Proust... Mais le cas le plus emblématique demeure celui d'Émile Zola, qui subit vingt-quatre déconvenues ! Pourquoi ?

Contrairement à ce que l'on pourrait penser, l'engagement de Zola en faveur de Dreyfus n'est en rien responsable de ces refus répétés de l'Académie française de l'élire au rang de ses membres, l'écrivain s'étant porté pour la première fois candidat en 1890, bien avant le début de l'affaire. L'une des raisons se trouve en réalité dans sa première lettre de candidature.

L'auteur des *Rougon-Macquart* n'a pas cru bon d'utiliser, comme l'exige pourtant l'usage, le ton de l'humilité et du respect, mais au contraire celui du défi et de la provocation, écrivant ainsi : « *J'ai l'honneur de vous prévenir et je vous prie de faire savoir à l'Académie française que je pose ma candidature au fauteuil devenu vacant par la mort d'Émile Augier.* » La coutume voulait qu'un candidat « soumette » sa candidature au secrétaire perpétuel et non qu'il le « prévienne ». Quant au mot « mort », il est jugé cru et déplacé.

Or, plutôt que de se faire temporairement oublier, Zola s'obstine. Il tente même de forcer les portes du Quai Conti en présentant sa candidature à trois sièges vacants en même temps, choquant de nouveau les règles de bienséance. En février 1893, il déclare dans une lettre adressée au rédacteur en chef du *Figaro* : « *Du moment qu'il y a une Académie française, je dois en être.* » Le 28 mai 1896, il n'échoue que d'une seule voix.

Émile Zola cessera de se représenter après son *J'accuse* en 1898, ayant cumulé vingt-quatre échecs, ce qui constitue un record inégalé. Mais s'il n'a pas réussi à obtenir sa place à l'Académie française, l'écrivain aura néanmoins la sienne au Panthéon, puisque ses cendres y seront transférées en 1908, six ans après sa mort.

On le sait peu, mais une clause du règlement permet au chef de l'État d'opposer son veto à l'élection d'un académicien. C'est ainsi que Louis XIV empêcha l'élection de son fils naturel, le duc du Maine, que des académiciens plébiscitaient pour flatter le Roi-Soleil. De son côté, Louis XV interdit celle du poète Piron. Quant au général de Gaulle, il fit barrage durant près de dix ans à l'entrée de Paul Morand, qui avait été ambassadeur du régime de Vichy.

Laissons le mot de la fin à Tristan Bernard, un autre grand absent du Quai Conti, qui aimait dire : « *Je préfère faire partie de ceux dont on se demande pourquoi ils ne sont pas à l'Académie plutôt que de ceux dont on se demande pourquoi ils y sont.* »

84.

Pourquoi, en 1896, la guerre qui opposa l'Angleterre à Zanzibar n'a-t-elle duré que 38 minutes ?

Certains conflits entre nations furent si longs que leur durée détermina leur nom : la guerre de Sept Ans (en réalité, neuf), celle de Trente Ans ou encore celle de Cent Ans (en fait, cent seize). La plus longue semble avoir été la guerre de Trois Cent Trente-Cinq Ans, qui opposa les Hollandais aux îles Sorlingues (aujourd'hui Scilly) au sud-ouest de la Cornouailles, soit de 1651 à 1986, et cela sans un seul coup de feu tiré ! À l'inverse, la guerre la plus courte de l'Histoire serait la guerre anglo-zanzibarite du 27 août 1896, qui dura seulement 38 minutes… Explications.

Située à 30 kilomètres du littoral africain, Zanzibar est une petite île de 1 200 km^2. Véritable fenêtre sur l'océan Indien et la Chine, elle a occupé durant des siècles un rôle central dans les échanges commerciaux entre le monde arabe et la côte est-africaine, lui assurant une belle prospérité. D'abord conquise par les Portugais en 1503, Zanzibar passe sous le contrôle du sultanat d'Oman à partir de 1698.

En 1832, le sultan Saïd ben Sultan al-Busaid y transfère sa capitale. Il développe le port, favorise l'établissement des commerçants européens et introduit sur l'île la culture du clou de girofle. Il encourage également le développement de la traite humaine, faisant en quelques années de Zanzibar le plus important marché d'esclaves au monde.

En 1856, l'île obtient son indépendance du sultanat d'Oman, grâce à l'appui du Royaume-Uni qui espère bien ainsi s'implanter dans la région. Révoltés par la situation des esclaves, les Britanniques imposent en 1873 un embargo qui aboutit à la fermeture du sinistre marché.

Dès lors, les Britanniques ne cessent de renforcer leur influence sur Zanzibar. Le 1er juillet 1890, ils signent avec l'Allemagne le traité d'Helgoland, qui assure le partage de l'actuelle Tanzanie entre les deux puissances : le Tanganyika à l'Allemagne et Zanzibar à l'Angleterre. L'île devient *de facto* un protectorat anglais. Le 25 août 1896, meurt le sultan pro-britannique Hamad ibn Thuwaini. Hostile au protectorat anglais, son cousin et beau-frère Khalid ibn Bargach réunit aussitôt des hommes de main, s'empare du palais et se proclame sultan.

Ce coup de force mécontente les Britanniques, qui prévoyaient d'imposer un autre cousin, Hamoud ibn Mohammed, beaucoup moins hostile et plus proche de leurs intérêts. S'appuyant sur un traité signé dix ans plus tôt et qui soumet tout nouveau sultan de Zanzibar à l'aval du Royaume-Uni, ils adressent un ultimatum à Khalid, lui demandant de quitter le palais. Comme l'homme s'y refuse, la Royal Navy rassemble dans le port une escadre composée de trois croiseurs, deux canonnières et près d'un millier d'hommes.

Le 27 août à 9 heures, l'ultimatum britannique expire. Deux minutes plus tard, les Anglais bombardent le palais royal et coulent plusieurs navires indigènes, lors d'un bref affrontement naval. À 9 h 40, soit 38 minutes plus tard, les tirs cessent. C'est la fin des combats !

On compte 500 victimes chez les Zanzibaris et un marin blessé côté anglais. Quant à Khalid, il se réfugiera au consulat allemand, avant de rejoindre le Tanganyika (actuelle Tanzanie). Les Britanniques peuvent alors le remplacer par leur candidat, à la tête d'un gouvernement fantoche. Cette guerre de 38 minutes marqua la fin de l'autonomie de Zanzibar.

85.

Pourquoi a-t-on conquis le pôle Nord cinquante ans après le pôle Sud ?

Parvenus au fil des siècles à explorer l'ensemble des continents du globe, le dernier défi des Occidentaux demeurait la conquête des pôles. Le 6 avril 1909, l'américain Robert Peary est le premier homme à parvenir au pôle Nord. Deux ans plus tard, le 14 décembre 1911, le Norvégien Roald Amundsen réussit quant à lui à atteindre le pôle Sud. On croyait en avoir terminé avec l'aventure polaire, et on se concentrait déjà sur l'escalade des plus hauts sommets. Or, si l'exploit d'Amundsen est incontestable, il en va tout autrement pour le cas de Peary…

Depuis le XVIe siècle, les navigateurs européens ont tenté en vain de rejoindre l'Asie par l'océan Glacial Arctique, en empruntant le fameux passage du Nord-Ouest. Ce n'est vraiment qu'à partir du XIXe siècle que les Anglais ont lancé les premières expéditions polaires. Le 1er juin 1831, James Clark Ross parvient à situer le pôle Nord magnétique sur un point de la côte ouest de la péninsule canadienne de Boothia, où il dresse aussitôt l'Union Jack.

Cette découverte capitale permet aux navigateurs d'utiliser leur boussole avec une plus grande précision. Progressivement, les expéditions se rapprochent du pôle Nord géographique, à 90° de latitude. À la fin du XIXe siècle, une véritable compétition s'instaure entre les explorateurs, pour consacrer celui qui accomplira le premier l'exploit de l'atteindre. Rêvant d'être celui-là, Robert Peary, un ingénieur civil de la Marine américaine, organise sa vie au service de cette ambition.

Pour s'acclimater au froid et apprendre les techniques de déplacement des Inuits, Peary multiplie les séjours polaires. En 1906, il parvient à 87°06' au nord du Groenland. Le 15 février 1909, l'Américain se lance dans une nouvelle expédition. À son retour, le 23 avril, il annonce avoir enfin atteint le pôle Nord le 6 avril 1909, en traîneaux à chiens, avec Matthew Henson et quatre Inuits.

Mais son arrogance lui vaut l'incrédulité de ses compatriotes, d'autant qu'un de ses anciens compagnons, le médecin Frederick Cook, affirme avoir lui-même rejoint le pôle quelques mois plus tôt. Pour mettre fin à la polémique, c'est le Congrès américain qui tranche et attribue la paternité de l'exploit à Peary. En récompense, ce dernier se voit offrir le grade de Commodore.

Aujourd'hui, les scientifiques considèrent que ni Peary ni Cook n'ont atteint le pôle Nord et qu'ils s'en sont, au mieux, approchés d'une trentaine de kilomètres. Les informations sur la dernière partie de leurs voyages ne sont étayées par aucun relevé concordant et ne reposent que sur des témoignages. Par ailleurs, on sait que certaines pages du journal de Peary ont été réécrites ultérieurement et que la vitesse de progression qu'il a indiquée était impossible. Partenaire de l'expédition, la National Geographic Society a préféré couvrir un mensonge, en se contentant de donner foi au seul témoignage de Peary, plutôt que d'avouer l'échec de la mission.

Il faudra attendre le 5 avril 1969 pour que le pôle Nord soit pour la première fois, sans discussion possible, atteint par voie « terrestre » – par les Anglais Wally Herbert, Kenneth Hedges, Allan Gill et Roy Koerner.

86.

Pourquoi Guillaume Apollinaire a-t-il été accusé du vol de *La Joconde* ?

Peut-on citer un tableau plus célèbre que *La Joconde* de Léonard de Vinci ? Réalisé au début du XVIe siècle, le portrait de Mona Lisa est admiré chaque jour au Louvre par près de 20 000 visiteurs. D'abord propriété de François Ier, il a décoré le château de Fontainebleau, jusqu'au moment où Louis XIV le déménage aux Tuileries, puis à Versailles. Il n'est entré au Louvre qu'en 1797, après la transformation du palais en musée. À l'époque, *La Joconde* était pourtant loin de rencontrer la même notoriété. Si tout le monde connaît à présent son mystérieux sourire, c'est en grande partie à la suite du vol retentissant du tableau en 1911, un vol dans lequel Guillaume Apollinaire s'est trouvé mis en cause…

Le 22 août 1911, les responsables du musée du Louvre découvrent avec stupeur la disparition de *La Joconde*. Durant une semaine, une soixantaine de policiers passent le musée au peigne fin. En vain. La toile a bien été subtilisée. Le directeur du musée donne aussitôt sa démission, tandis que la presse fait ses choux gras du scandale. La Société des Amis du Louvre va jusqu'à offrir la somme de 25 000 francs en échange du moindre indice.

Deux semaines plus tard, le 7 septembre 1911, la police procède à une perquisition chez Guillaume Apollinaire et l'incarcère à la prison de la Santé. Si le poète est soupçonné, c'est parce que quelques années plus tôt, son secrétaire, un Belge nommé Géry Pieret, a dérobé au Louvre des statuettes primitives phéniciennes qu'il lui a ensuite apportées. Apollinaire a accepté de lui en acheter, de même que Picasso, présent ce jour-là – et qui s'en inspirera d'ailleurs pour réaliser *Les Demoiselles d'Avignon*. Après cet épisode, Géry Pieret a quitté le service d'Apollinaire, disparaissant de la circulation durant quelques années. Mais, coïncidence troublante, il réapparaît quelques jours seulement après le vol de *La Joconde*.

Le 28 août 1911, il débarque dans les locaux de *Paris-Journal* avec une statue qu'il affirme avoir dérobée sept ans plus tôt au Louvre. Le lendemain, le quotidien relate l'épisode dans un long article. Dès qu'il l'apprend, Apollinaire se souvient des statuettes achetées à Pieret et craint d'être compromis dans ce nouveau vol. Il prévient aussitôt Picasso et tous deux décident de se débarrasser des statuettes en les jetant dans la Seine. Si le peintre n'éprouve aucun scrupule, le poète ne peut toutefois s'y résoudre.

Le 6 septembre 1911, Apollinaire préfère déposer anonymement les statuettes à *Paris-Journal*, chargeant le quotidien de les restituer au Louvre. Mais la police a vite fait de remonter jusqu'à lui. C'est pourquoi elle organise dès le lendemain une perquisition à son domicile et met l'écrivain sous mandat de dépôt, même si les enquêteurs doutent de son implication dans le vol de *La Joconde*. Devant l'émotion provoquée par cette arrestation, le célèbre suspect est d'ailleurs libéré le 12 septembre, après tout juste cinq jours d'emprisonnement.

Il faudra attendre décembre 1913 pour que le tableau soit retrouvé à Florence, grâce à l'antiquaire Alfredo Geri. Le voleur n'était autre que l'ouvrier italien Vincenzo Peruggia, qui avait installé la vitrine de protection de *La Joconde* au

Louvre en 1911. Pour sa défense, il prétendra avoir dérobé le tableau par patriotisme, afin de le ramener dans son pays d'origine. Il croyait que la toile avait été pillée par les Français durant la campagne d'Italie de Bonaparte. Néanmoins, on le suspectera toujours d'avoir agi pour le compte de collectionneurs. Quoi qu'il en soit, *Mona Lisa* retrouva son crochet au musée français le 4 janvier 1914.

87.

Pourquoi la mort d'un journaliste a-t-elle précipité la Première Guerre mondiale ?

Les causes de la Première Guerre mondiale sont profondes et nombreuses. Compte tenu des rivalités nationales et des alliances diplomatiques, le conflit nous semble avec le recul inéluctable. Pourtant, il aura fallu au moins deux événements pour le provoquer : deux assassinats perpétrés au cours de 1914. Celui de l'archiduc François-Ferdinand, le 28 juin à Sarajevo, qui déclencha les hostilités entre l'Autriche et la Serbie. Et celui de Jean Jaurès, chef de file des pacifistes, le 31 juillet, qui précipita l'entrée en guerre de la France. Mais la Grande Guerre n'aurait peut-être jamais eu lieu si un autre meurtre ne s'était produit quelques mois plus tôt : celui du journaliste français Gaston Calmette…

Au début de l'année 1914, le ministre des Finances, le radical Joseph Caillaux, est l'homme politique le plus en vue du moment. Allié à Jean Jaurès, il s'est notamment opposé à la loi Barthou du 19 juillet 1913, qui portait de deux à trois ans la durée du service militaire obligatoire et doublait quasiment le nombre de soldats français. Tout indique que Caillaux accédera à la tête du gouvernement à l'issue des élections législatives de mai 1914. Cependant, depuis qu'il œuvre à la création d'un impôt sur le revenu, le ministre des Finances est la cible d'une violente campagne de presse menée par *Le Figaro*. Le chef de file de cette opération est le journaliste Gaston Calmette, bien déterminé à obtenir le retrait du projet, sinon la démission du ministre. Il accuse par exemple Caillaux d'avoir touché 400 000 francs du Comptoir national d'Escompte afin de financer sa campagne.

Le 10 mars 1914, Gaston Calmette annonce qu'il s'apprête à publier la correspondance privée de Joseph Caillaux, dérobée par sa première femme. Trois jours plus tard, paraît une première lettre compromettante, dans laquelle Caillaux a écrit : « *J'ai écrasé l'impôt sur le revenu en ayant l'air de le défendre, je me suis fait acclamer par le centre et par la droite et je n'ai pas trop mécontenté la gauche...* »

L'annonce d'une seconde publication inquiète particulièrement Henriette Caillaux, la nouvelle épouse du ministre, qui craint que n'y soit révélé qu'elle avait entamé sa liaison avec l'homme politique alors que l'un et l'autre étaient encore mariés. Le 16 mars 1914, elle se rend au siège du *Figaro*, demande à rencontrer Gaston Calmette. Sitôt introduite dans son bureau, elle sort de son manchon de fourrure un revolver, fait feu sur le journaliste et l'abat. La femme du ministre est aussitôt interpellée.

Après l'arrestation de son épouse, Joseph Caillaux annonce son retrait provisoire de la politique afin de se consacrer à la préparation de son procès. Bénéficiant de circonstances atténuantes, la meurtrière est acquittée par le jury d'assises le 28 juillet 1914. Caillaux envisage alors de reprendre la tête du gouvernement avant la fin de l'été, avec Jean Jaurès pour ministre des Affaires étrangères. Mais il n'en aura pas le temps : deux jours plus tard, Jaurès est assassiné, et le lendemain, c'est la mobilisation générale. La guerre a commencé !

Le geste insensé d'Henriette Caillaux aura empêché son mari de revenir à la présidence du Conseil à un moment crucial, réduisant à néant tout espoir d'une alternative diplomatique à la folie autodestructrice qui allait bientôt enflammer toute l'Europe.

88.

Pourquoi dit-on : « LIMOGER » ?

Chaque jour, on emploie sans le savoir quantité de mots du langage courant qui tirent leur nom de villes. Citons Bristol pour son luxueux papier ou Rugby pour son sport populaire. Dans la plupart des cas, il s'agit de dérivés. Ainsi, le mot « baïonnette » tire son origine de la ville de Bayonne, où cette arme fut d'abord fabriquée. Les cordonniers doivent leur nom à Cordoue, où le cuir était produit au Moyen Âge. Quant à la « berline », elle provient de Berlin, où ce véhicule fut inventé vers 1670 pour Frédéric-Guillaume Ier. Un autre cas tout aussi intéressant est celui de Limoges, qui donna naissance à un verbe abondamment usité : « limoger ». Quelle est l'origine de ce terme ?

Au début du XXe siècle, la IIIe République mène une politique anticléricale, qui se concrétisera avec la loi sur la séparation des Églises et de l'État, le 9 décembre 1905. Bastion catholique, l'armée française est à cette occasion l'objet d'une purge, opérée par le ministre de la Guerre Louis André. Révélée au grand jour en 1904 lors de l'« affaire des fiches », cette campagne anticatholique a pour effet de bloquer l'avancement d'officiers compétents, comme Ferdinand Foch, jugés trop proches de l'Église, au profit d'autres moins prometteurs mais athées, comme Joseph Joffre.

En 1913, ce dernier est ainsi nommé commandant en chef des armées du Nord et de l'Est, et reçoit pour mission de concevoir un plan d'attaque en vue d'une guerre avec l'Allemagne. Ce plan prévoit entre autres de privilégier des charges de fantassins à la baïonnette plutôt que d'utiliser l'artillerie… Aussi, lorsque se déclenche la Première Guerre mondiale, les troupes françaises sont immédiatement enfoncées par l'offensive allemande sur la frontière franco-belge !

Durant les trois premières semaines d'août 1914, la France va accumuler les défaites et subir des pertes colossales. Nommé commandant en chef de l'armée française, Joseph Joffre refuse d'assumer cet échec et en rejette la responsabilité sur ses subordonnés, qu'il juge incapables et qu'il sait promus uniquement sur leurs convictions républicaines. En conséquence, il va user d'une prérogative que lui a laissée le ministère de la Guerre : écarter sur simple rapport les officiers qui ne lui donneraient pas satisfaction.

Pour se débarrasser de ces généraux défaillants, Joffre décide de les affecter en catastrophe à l'arrière du front, dans la XIIe région militaire, c'est-à-dire celle de Limoges. Près de 40 % des hauts gradés de l'armée se retrouvent ainsi disgraciés, dont presque la moitié des 425 généraux ! Cet épisode inspirera aux commentateurs un néologisme : « limoger », qui prend dès lors le sens de « renvoyer » ou « mettre au placard ». Il se popularisera très vite.

Quant à Joffre, il sera à son tour « limogé » en décembre 1916 et remplacé au poste de commandant en chef de l'armée française par le général Nivelle.

89.

Pourquoi les cendres de Rouget de Lisle ne sont-elles pas au Panthéon ?

Le soir du 25 avril 1792, dans le salon du maire de Strasbourg, le baron de Dietrich, on joue pour la première fois un morceau baptisé *Chant de guerre pour l'armée du Rhin*, destiné à motiver les soldats français quelques jours seulement après la déclaration de guerre à l'Autriche. C'est un jeune capitaine de garnison de 32 ans, un certain Rouget de Lisle, qui a composé la nuit précédente ce chant patriotique. La *Marseillaise* deviendra officiellement notre hymne national en 1879. Chose curieuse, son auteur ne repose pas au Panthéon, mais aux Invalides. Pourquoi ?

Pourtant, le compositeur de l'hymne de la République française n'était pas républicain, mais monarchiste ! Plus exactement, Rouget de Lisle était « monarchien », c'est-à-dire partisan d'une monarchie parlementaire sur le modèle britannique. Opposé à l'internement de Louis XVI en août 1792, Rouget de Lisle est destitué de son grade de capitaine, quelques mois après avoir composé la *Marseillaise*. Emprisonné comme beaucoup sous la Terreur, il échappe cependant à la guillotine, contrairement au baron de Dietrich, exécuté en décembre 1793.

En 1795, il est envoyé à Brest pour lutter contre les Chouans, et participe à la répression de l'expédition de Quiberon, avant de quitter l'armée l'année suivante. Hostile à l'instauration de l'Empire en 1804, Rouget de Lisle va diriger une entreprise chargée d'approvisionner l'armée en vivres. Détail méconnu, durant la Restauration, il écrit un hymne royaliste baptisé : *Vive le Roi !* Ce chant ne parvient cependant pas à séduire Louis XVIII.

Endetté, l'auteur de la *Marseillaise* est de nouveau emprisonné, avant de se voir finalement accorder une pension viagère sous la Monarchie de Juillet. Décédé le 26 juin 1836 à l'âge de 76 ans, il est inhumé dans l'ancien cimetière de Choisy-le-Roi. Dix ans plus tard, son ami le général Blein fait transporter son cercueil dans sa propriété de Thiais. La dépouille du compositeur y reste jusqu'en 1861, avant de revenir à Choisy-le-Roi où elle est inhumée dans une concession à perpétuité. En 1901, la pierre tombale, formée d'un obélisque décoré d'une lyre, est déménagée au bout de l'allée nord du cimetière.

C'est durant la Première Guerre mondiale, au printemps 1915, tandis que les troupes françaises subissent des revers en Artois, que les autorités décident de faire de Rouget de Lisle un symbole national, espérant ainsi exalter le sentiment patriotique. Le 6 juillet, au cours d'une séance extraordinaire, le Conseil de Paris vote à l'unanimité le transfert des cendres du compositeur au Panthéon à l'occasion d'une cérémonie spéciale prévue le 14 juillet.

Cependant, pour être effective, la décision doit être entérinée par un vote des deux Chambres, comme l'impose la Constitution. Or à cause de la guerre, le Sénat et l'Assemblée nationale sont dans l'impossibilité de se réunir, empêchant la cérémonie de se tenir à la date choisie. En conséquence, les cendres de Rouget de Lisle sont provisoirement transférées aux Invalides, au cours d'une manifestation officielle en présence du président de la République Raymond Poincaré.

Cent ans plus tard, malgré plusieurs propositions (notamment celle du député Georges Sarre en 1999), elles y reposent toujours, dans l'indifférence quasi générale.

90.

Pourquoi, à la fin de la Première Guerre mondiale, l'uniforme des soldats français n'était-il pas de la même couleur qu'au début du conflit ?

Les Français aiment brocarder leur armée. Clemenceau lui-même n'a-t-il pas affirmé que « *la guerre est une chose trop grave pour être confiée à des militaires* » ? Si, depuis 1870, de nombreux exemples peuvent étayer cette mordante accusation, un épisode de la Grande Guerre ne plaide évidemment pas en faveur de la Grande Muette : celui du changement d'uniformes au cours de la Première Guerre mondiale. Ceci mérite une explication !

Jusqu'au XIXe siècle, les uniformes des soldats européens arboraient des couleurs vives. Ce choix permettait surtout d'identifier alliés et adversaires sur les champs de bataille enfumés. Or, en 1884, le chimiste français Paul Vieille invente un nouveau type de poudre, baptisée « poudre B », qui laisse très peu de résidus de combustion et ne produit pas de fumée pendant le tir. Trois ans plus tard, les Britanniques mettent au point un autre type de poudre sans fumée : la cordite. Rendant obsolètes les uniformes traditionnels, ces inventions poussent les grandes armées européennes à adopter progressivement des tenues à la fois plus sobres et plus fonctionnelles.

Ce sont les Anglais qui, dès la fin de la guerre du Transvaal en 1902, arborent les premiers de nouvelles tenues de combat. Celles-ci sont de couleur *kaki* (mot persan signifiant « poussière »), une teinture jaune-vert très en vogue aux Indes, idéale pour le camouflage. De leur côté, les Russes tirent les enseignements de leur défaite contre le Japon en 1905, en adoptant des uniformes de couleur verdâtre. Ils sont imités deux ans plus tard par l'armée allemande, qui choisit des tenues peu voyantes, de cette teinte verte appelée *feldgrau* (littéralement, « gris du champ de bataille »). Enfin, en 1909, les Italiens arborent à leur tour un uniforme gris-vert.

En France, de nouveaux uniformes ont été proposés et même testés. Mais, en raison du coût financier, des indécisions ministérielles et de la vive opposition de nombreux officiers, le projet est resté lettre morte. Si bien que, lorsque la Première Guerre mondiale éclate en août 1914, le fantassin français porte à peu près le même uniforme que sous Napoléon III : un pantalon rouge garance (leur signe distinctif depuis 1829), ainsi qu'une longue et inconfortable capote dite « gris de fer bleuté », fermée par deux rangs de boutonnières. Cette tenue très voyante et peu pratique constitue un véritable handicap pour les Poilus.

En outre, au bout de deux mois de campagne, il faut remplacer des centaines de milliers de tenues usées et relancer en urgence la production. Or, le colorant rouge (l'aniline) utilisé pour teindre les vêtements est uniquement fabriqué en Allemagne ! Les Français sont contraints d'abandonner cette couleur, de toute façon trop criarde.

Ainsi, en août 1915, un nouvel uniforme est adopté, d'un bleu clair beaucoup plus discret, conçu par l'entreprise Balsan de Châteauroux. Parallèlement, on remplace le fameux képi garance par un casque Adrian modèle 1915, qui offre de surcroît une bien meilleure protection pour la tête.

Surnommé « bleu horizon », ce nouvel uniforme ne se généralisera qu'à l'automne 1916. Il faudra attendre 1935 pour que les uniformes français passent enfin au kaki.

91.

Pourquoi la famille royale d'Angleterre a-t-elle pris le nom du château de Windsor en 1917 ?

Élisabeth II est l'arrière-arrière-petite-fille de la reine Victoria. Pourtant, si l'actuelle souveraine du Royaume-Uni appartient comme son père à la maison de Windsor, son auguste aïeule était quant à elle issue de la dynastie des Hanovre, qui régnait sur l'Angleterre depuis 1714. Pourquoi les deux reines n'ont-elles pas le même nom de famille ?

Devenue reine du Royaume-Uni en 1837, quelques jours après son dix-huitième anniversaire, Victoria de Hanovre épouse trois ans plus tard le prince allemand Albert de Saxe-Cobourg-Gotha. Le couple aura neuf enfants. À la mort de Victoria en 1901, c'est son fils qui lui succède, sous le nom d'Édouard VII. Comme le nouveau roi porte le nom de son père, la maison royale d'Angleterre prend dès lors le nom de Saxe-Cobourg-Gotha.

Survient la Première Guerre mondiale. Au Royaume-Uni, comme en France et en Russie, une germanophobie se développe au sein de l'opinion publique. Un peu partout, des mesures symboliques sont prises. À Paris, la rue Berlin est renommée « rue Liège » et le café viennois devient « café liégeois ». Le tsar de Russie Nicolas II décide, quant à lui, de renommer la ville de Petrograd, à la consonance trop allemande, en Saint-Pétersbourg.

En Angleterre, le nouveau roi George V prend une initiative inédite et historique. Afin de gommer son héritage allemand, il décide de changer le nom de sa famille ! Le 17 juillet 1917, il proclame ainsi officiellement que la maison régnante ne s'appelle plus Saxe-Cobourg-Gotha, mais Windsor.

Construit au XIe siècle, le château de Windsor est l'une des résidences favorites de la famille royale. C'est d'ailleurs depuis ce lieu que le départ du marathon des Jeux olympiques de Londres a été donné, attribuant à l'épreuve sa distance actuelle[1]. Ironie de l'histoire, c'est dans ce château qu'est mort en 1861 le prince Albert, époux de Victoria, qui avait donné à la dynastie ce nom de Saxe-Cobourg-Gotha. Parallèlement, la branche cadette de la famille royale, les Battenberg, anglicisent eux aussi leur nom en *Mountbatten*.

Après l'accession au trône d'Élisabeth II en 1952, se posa une seconde fois la question du changement de nom royal. Comme le voulait la tradition, la reine étant mariée au prince Philip, ses successeurs auraient dû hériter du patronyme de leur père, issu de la maison de Schleswig-Holstein-Sonderbourg-Glücksbourg. Or le prince Philip préférera porter le nom, plus anglais, de sa mère : Mountbatten.

À la grande joie de son oncle, Louis Mountbatten, qui souhaite également que la maison royale prenne ce nom. Mais la reine Mary (grand-mère d'Élisabeth) et Winston Churchill s'y opposent. Le 9 avril 1952, Élisabeth II signe une déclaration affirmant qu'elle et ses descendants conserveront le nom de Windsor. Pour plaisanter, le prince Philip se serait plaint d'être le seul homme du pays incapable de transmettre son nom à ses propres enfants !

1. Cf. *Les Pourquoi de l'Histoire*, vol. 1.

92.

Pourquoi dit-on : « une élection de maréchal » ?

Le 5 mai 2002, Jacques Chirac était réélu président de la République française avec 82,21 % des suffrages, alors qu'il n'avait recueilli au premier tour que 19,88 % des votes. Ce score sans précédent dans l'histoire de la Vᵉ République ne s'expliquait que par la présence face à lui d'un candidat du Front National. Certains éditorialistes parlèrent d'« une élection de maréchal », formule désignant un très large plébiscite. Quelle en est l'origine ?

Le 24 mai 1873, le président de la République Adolphe Thiers, rallié au camp républicain, est renversé par l'Assemblée. Réunis à Versailles, les parlementaires sont chargés d'élire son successeur. Deux hommes se portent candidats : Jules Grévy pour l'Union républicaine, et Patrice de Mac Mahon, un monarchiste légitimiste. Sur les 771 électeurs, près de la moitié, en grande majorité des républicains, décident de s'abstenir. Si bien que sur les 391 suffrages exprimés, Mac Mahon obtient toutes les voix des monarchistes sauf une, octroyée à Grévy ! Le maréchal est officiellement élu président de la République avec 99,74 % des voix…

Toutefois, ce n'est pas cet événement qui est à l'origine de la fameuse expression. Celle-ci est née à l'Académie française où, au cours du XXᵉ siècle, sur les six généraux faits maréchaux de leur vivant, cinq furent élus académiciens sans avoir fait campagne, ni même parfois s'être portés candidats !

La série commence en 1912 lorsque Lyautey (alors seulement général) est élu par 27 voix au fauteuil n° 14 du Quai Conti. Le 14 février 1918, avant même la fin de la guerre, c'est le maréchal Joffre, vainqueur de la bataille de la Marne, qui remporte l'unanimité des votes, donnant naissance à l'expression « une élection de maréchal ». Dès le 21 novembre, il est rejoint à l'Académie par son rival de toujours, le maréchal Foch qui, sans avoir posé sa candidature, est également élu à l'unanimité. Foch meurt le 20 mars 1929 et, trois mois plus tard, le maréchal Pétain prend son fauteuil, toujours avec la totalité des voix. Le 15 novembre 1934, c'est au tour du maréchal Franchet d'Espèrey de se voir plébiscité au Quai Conti. Son élection n'aura pas dérogé à la tradition des « élections de maréchal », puisqu'il récolte 29 voix et seulement un bulletin blanc. Enfin, le 20 novembre 1952, Alphonse Juin, qui n'a obtenu son bâton de maréchal que quelques mois plus tôt, est élu à l'Académie française par 25 voix. Au final, seul le maréchal Fayolle n'aura pas eu les honneurs du Quai Conti !

L'attitude plutôt passive de certains maréchaux durant les séances de l'Académie a laissé quelques anecdotes savoureuses. Par exemple, lorsqu'un jour on chercha à définir le mot « mitrailleuse », le maréchal Joffre fut prié d'apporter ses lumières. Tiré de son somme, il se contenta de répondre : « *C'est une sorte de fusil qui fait pan, pan, pan.* » Puis se rendormit.

93.

Pourquoi la terrible grippe de 1918 a-t-elle été appelée « grippe espagnole » ?

En 2009, après l'annonce par l'Organisation mondiale de la Santé d'un risque de pandémie mondiale de grippe A (H1N1), un vent de panique a envahi la plupart des pays, largement entretenu par des médias évoquant la possibilité d'une épidémie comparable à celle de 1918-1919. Quand on sait que cette dernière fit en deux ans au moins quarante millions de morts, c'est-à-dire quatre fois plus que la Première Guerre mondiale, on comprend mieux l'affolement général. Restant la plus meurtrière de l'Histoire avec la Grande Peste de 1348, cette effroyable pandémie a gardé le surnom de « grippe espagnole ». Pourquoi ?

À partir du Moyen Âge, des épidémies de grippe touchent le continent européen à intervalles réguliers. Comme souvent, celle de 1918 se développe d'abord en Asie – précisément à Canton, où elle apparaît en février. De là, elle se propage aux États-Unis et arrive en Europe en avril, importée malgré eux par les soldats américains. Une deuxième vague beaucoup plus dévastatrice sévit à l'automne, suivie d'une troisième vague en janvier-février 1919, tout aussi mortelle.

À cause des nombreux échanges commerciaux entre les puissances européennes et leurs colonies, la totalité des continents est touchée. On estime à un milliard les malheureux qui contractent la maladie, l'Asie (Inde et Chine) comptant le plus grand nombre de victimes. Aux États-Unis, les 600 000 décès enregistrés font chuter de dix ans l'espérance de vie nationale. Le seul pays épargné reste l'île de Sainte-Hélène, perdue en plein Atlantique sud !

En France, cette grippe foudroyante cause la mort de plus de 200 000 personnes. En Europe, sa propagation est facilitée par les grandes concentrations et l'affaiblissement des organismes après la Première Guerre mondiale. L'épidémie affecte paradoxalement davantage les jeunes. Elle coûte la vie à plusieurs personnalités, parmi lesquelles le dramaturge Edmond Rostand, auteur de *Cyrano de Bergerac*, et Guillaume Apollinaire, mort le 9 novembre 1918 à 38 ans – deux ans plus tôt, le poète d'*Alcools* avait déjà été grièvement blessé à la tempe dans les tranchées. Si, dans les pays anglo-saxons, l'épidémie porte son nom scientifique d'*influenza* (car « influencée » par le froid), elle fut surnommée en France « grippe espagnole ». Plusieurs explications sont avancées sur l'origine d'un tel surnom.

Selon la première hypothèse, la raison vient du fait que l'Espagne étant neutre durant la Première Guerre mondiale, sa presse, non soumise à la censure militaire, a été la première à révéler l'ampleur de l'épidémie au printemps 1918. Les nouvelles étaient si alarmantes – en juin 1918, 70 % de la population de Madrid est touchée en à peine trois jours – qu'elles ont été prises très au sérieux en France, pays limitrophe qui redoute une contagion. De là serait né – à tort – le nom de « grippe espagnole ».

Selon une seconde hypothèse, ce surnom proviendrait d'un rapprochement fait entre la pandémie de 1918 et la précédente épidémie de grippe survenue en 1889, soit trente ans plus tôt, qui avait fait près de 200 000 morts en Espagne. Quelle que soit l'origine de son nom, cette grippe espagnole demeure bien la première cause de mortalité du XXe siècle, devant les deux guerres mondiales. Un triste record.

94.

POURQUOI, AU ROYAUME-UNI, LA MINUTE DE SILENCE DURE-T-ELLE… DEUX MINUTES ?

Le 14 juillet 2005 à midi, le Royaume-Uni et les 24 autres pays de l'Union européenne observèrent un moment de silence en hommage aux victimes des attentats d'Al-Qaïda à Londres. En France, jour de fête nationale, le président Jacques Chirac se figea face à la foule massée dans les jardins du palais de l'Élysée pour la traditionnelle garden-party. Ce jour-là, le recueillement ne dura pas une mais deux minutes, comme le veut la tradition outre-Manche. D'où vient cette différence ?

C'est à la suite de la Première Guerre mondiale que fut créée la première « minute de silence », comme une prière universelle à laquelle pouvaient s'associer athées et agnostiques. L'idée originale en revient au journaliste australien Edward George Honey, qui avait combattu dans l'armée britannique durant la Grande Guerre. Le 8 mai 1919, il publie une lettre ouverte dans le *London Evening News*, sous le pseudonyme de Warren Foster, pour suggérer qu'à l'occasion du premier anniversaire de l'Armistice, l'ensemble de la nation observe, à 11 heures du matin, un instant de silence en hommage aux victimes de la guerre. Honey fixe alors ce temps de recueillement à cinq minutes.

L'idée lui est venue le 11 novembre 1918, à la suite du malaise qu'il a ressenti en voyant la population célébrer l'annonce de l'armistice par de bruyantes manifestations de joie et de danse dans les rues. Pour l'Australien, un instant de silence général, sobre et solennel, serait l'hommage le plus approprié aux millions de soldats victimes de la plus grande boucherie de l'Histoire. Durant plusieurs mois, la proposition d'Honey reste néanmoins lettre morte.

Le 27 octobre 1919, à deux semaines du premier anniversaire de l'Armistice, l'homme politique sud-africain Percy Fitzpatrick, peut-être inspiré par Honey, adresse au roi George V la suggestion d'un moment de recueillement pour les commémorations. Sa proposition est acceptée par le souverain, qui institue à cette occasion le « Jour du souvenir ».

C'est ainsi que le 11 novembre 1919 à 11 heures, en hommage aux victimes de la Grande Guerre, l'ensemble du Royaume-Uni cesse ses activités durant deux minutes : une pour les morts et une autre pour les survivants. Cette coutume est aujourd'hui encore respectée dans les États de l'ancien Empire britannique, ainsi que dans certaines régions des États-Unis.

En France, on choisit de sonner les cloches ou de tirer au canon. La minute de silence en hommage aux soldats de la Première Guerre mondiale ne sera adoptée pour la première fois qu'en 1922, lorsque le 11 novembre deviendra un jour férié.

95. Pourquoi les États-Unis, à l'origine de la Société des Nations, n'ont-ils jamais fait partie de cette organisation ?

Au XVIIIe siècle, des philosophes émettent pour la première fois l'idée d'un monde sans guerre. Le promoteur de cette « paix perpétuelle » est en France l'abbé de Saint-Pierre en 1713, imité en 1795 par l'Allemand Emmanuel Kant, qui prône la création d'une fédération de peuples et l'établissement du règne universel du droit. Le 8 janvier 1918, le président américain Woodrow Wilson indique au Congrès la nécessité de créer une « *association générale des nations ayant pour objet d'offrir des garanties mutuelles d'indépendance politique et d'intégrité territoriale aux petits comme aux grands États* ». Deux ans plus tard, son vœu est exaucé avec la création de la Société des Nations (SDN), ancêtre de l'ONU. Pourtant, les États-Unis ne l'intégreront jamais, ne ratifiant même pas sa charte. Pourquoi ?

Après la signature le 11 novembre 1918 de l'armistice mettant fin à la Première Guerre mondiale, les vainqueurs du conflit se réunissent à Versailles pour négocier le traité de paix. C'est dans le cadre de cette conférence que naît la « Société des Nations », une organisation internationale dont le rôle est d'assurer la paix en Europe, ainsi qu'à l'échelle mondiale. Le 10 janvier 1920, se tient à Genève sa première réunion officielle. Comptant trente-deux membres (dont la

Suisse), la SDN est soumise à l'autorité d'un conseil permanent, composé de la France, du Royaume-Uni, de l'Italie et du Japon.

Bien que le président Wilson ait joué un rôle déterminant dans la création de l'organisation, il ne parviendra jamais à y engager son pays. Au contraire, la participation en 1917 des États-Unis à un conflit européen mettra fin à la doctrine Monroe, non interventionniste, établie un siècle plus tôt. Malgré la victoire des Alliés, une grande partie de l'opinion publique américaine demeure farouchement hostile à toute nouvelle implication susceptible de favoriser les tensions internes entre les différentes communautés du pays (anglaise, allemande, polonaise, italienne, russe, irlandaise...). Aussi, dès la guerre terminée, le Congrès adopte une série de mesures isolationnistes. Cela concerne d'abord une législation drastique en matière d'immigration, qui perdurera jusqu'en 1965.

Dans le même temps, le 19 janvier 1920, le Sénat à majorité républicaine refuse de ratifier le traité de Versailles – protocole indispensable pour adhérer à la Société des Nations. Ce veto s'explique par la volonté d'une partie des élites américaines de s'opposer, comme la population, à toute intervention de leur pays dans les affaires du monde. D'autre part, les élus d'origine irlandaise, nombreux aux États-Unis, entendent faire payer ainsi à Wilson son refus de soutenir l'indépendance de l'Irlande. Échec cuisant pour le président Wilson et la diplomatie américaine, la non-ratification du traité de Versailles obligera les États-Unis à signer une paix séparée avec l'Allemagne, l'Autriche et la Hongrie en août 1921.

Quant à la SDN, malgré quelques réussites encourageantes, elle se montrera incapable d'empêcher la Seconde Guerre mondiale et disparaîtra *de facto*, remplacée en 1945 par l'ONU. L'absence des États-Unis aura sans aucun doute joué un rôle capital dans le discrédit de la première organisation.

96.

Pourquoi New York est-elle surnommée « Big Apple » ?

Les villes de renommée internationale bénéficient souvent d'un surnom illustrant leur prestige. Rome est « la Ville éternelle », Paris « la Ville lumière », Vienne « l'Impériale », Istanbul « la Sublime Porte ». Et au moins quatre villes se disputent le titre de « Venise du Nord » : Amsterdam, Bruges, Stockholm et Saint-Pétersbourg ! En comparaison, New York City a hérité d'un sobriquet assez opaque. Pourquoi l'appelle-t-on « Big Apple » ?

Trois hypothèses tentent d'expliquer l'origine de l'expression *Big Apple* (« Grosse Pomme ») pour désigner la ville de New York.

La première nous ramène au début du XIXe siècle. En 1803, l'aristocrate française Évelyne de Saint-Évremond crée, à New York, une maison close pour jeunes gens de bonne famille. Surnommée Ève, la tenancière aurait appelé ses pensionnaires « mes pommes irrésistibles », en référence à l'épisode biblique. Quelques années plus tard, l'annuaire des Gentlemen new-yorkais reprendra le terme de « Big Apple » pour désigner les nombreuses prostituées, avant que l'expression ne finisse par s'appliquer à la ville dans son ensemble.

Une deuxième hypothèse prétend que les joueurs de jazz du New York des années 1930 parlaient de *big apple* pour désigner la boule d'angoisse qu'ils sentaient dans leur gorge avant de monter sur scène. Le terme aurait fini par qualifier la ville elle-même, haut lieu de ce style musical.

Aujourd'hui, il est admis que l'explication la plus crédible vient en fait du milieu hippique. En 1921, lors d'un reportage à La Nouvelle-Orléans, le journaliste sportif du *Morning Telegraph*, John J. Fitzgerald, entend des valets d'écurie noirs fascinés par les prestigieux champs de course surnommer la ville « Big Apple ». Car à l'époque, dans le jargon du milieu, on utilise le terme *apple* pour désigner les récompenses offertes aux vainqueurs des plus grandes courses. Le 3 mai 1921, Fitzgerald reprend cette expression dans l'un de ses articles consacré à une course de chevaux new-yorkaise. Par la suite, il désignera par « Big Apple » toutes les courses se déroulant dans la célèbre ville.

En 1971, l'office du tourisme de New York cherche à dynamiser l'image de la ville. Persuadés de la force commerciale de « Big Apple », les responsables décident de ressusciter ce surnom tombé dans l'oubli, dans le cadre d'une vaste campagne publicitaire. En 1997, pour rendre hommage à John J. Fitzgerald, le maire Rudolph Giuliani a rebaptisé *Big Apple Corner* (« l'angle de la Grosse Pomme ») l'angle de la West 54th Street et de Broadway, où le journaliste vécut entre 1934 et 1963.

97.

Pourquoi, le 4 août 1922, toutes les lignes téléphoniques des États-Unis ont-elles été volontairement coupées ?

En juillet 2012, un opérateur téléphonique connut une panne générale, paralysant durant près de douze heures l'activité de vingt-six millions d'abonnés. L'entreprise fut contrainte de présenter ses excuses à ses clients et de les indemniser. Il y a cent ans, à l'inverse, le gouvernement américain prit l'initiative de couper toutes les lignes téléphoniques du pays durant une minute – et nul n'y trouva à redire. Certes, le téléphone était alors un outil moins indispensable, mais, surtout, le but était honorifique...

Le 24 février 1876 à Washington, auteur de travaux sur le son et la phonétique, l'ingénieur canadien Alexander Graham Bell dépose le brevet d'une machine capable de transformer les ondes sonores en impulsions électriques. Le téléphone est né ! Le 10 mars, il échange avec son assistant une première conversation téléphonique, aussi banale qu'historique : « *Venez, Watson, j'ai besoin de vous !* »

L'année suivante, le téléphone est exploité commercialement aux États-Unis, garantissant la fortune de son inventeur. Au fil des années, les prototypes se perfectionnent et l'invention franchit les frontières. En 1912, on compte douze millions de postes téléphoniques dans le monde, dont huit millions aux États-Unis – soit un abonné sur douze.

Bell (dont le nom signifie « Sonnerie » en anglais, ça ne s'invente pas) s'éteint le 2 août 1922, à l'âge de 75 ans. Sa mort provoque une onde de choc au Canada et aux États-Unis. Aussi, le jour de ses funérailles, le 4 août 1922, à 18 h 30, toutes les lignes téléphoniques de ces deux pays sont symboliquement coupées durant une minute, afin de lui rendre hommage.

Il faut cependant noter que la paternité de son invention révolutionnaire fut sujette à plusieurs polémiques. Car le jour où Bell déposa le brevet du téléphone, l'inventeur américain Elisha Gray enregistra le sien pour une machine équivalente, à seulement deux heures d'intervalle ! Gray intentera de nombreux procès pour faire reconnaître ses droits, qui se solderont tous par un échec.

D'autre part, il a été découvert récemment qu'en 1870 – soit six ans avant Bell –, l'Italien Antonio Meucci avait déposé un brevet descriptif du téléphone et de ses prototypes, que le Canadien aurait sciemment copiés. De fait, en 2002, la Chambre des représentants des États-Unis reconnut officiellement la paternité d'Antonio Meucci dans l'invention du téléphone, mettant ainsi fin à plus d'un siècle de controverses.

Néanmoins, en 1931, lorsque mourut Thomas Edison, on voulut s'inspirer de l'hommage rendu à Bell neuf ans plus tôt. Il fut proposé de couper l'électricité durant une minute dans tout le pays. Mais compte tenu des dommages possibles, le président Herbert Hoover décida plutôt d'éteindre pendant une minute les lumières de la Maison-Blanche, encourageant chaque Américain à l'imiter dans son propre foyer. Le 21 octobre 1931 à 22 heures, exactement 52 ans après l'invention de l'ampoule à incandescence, toutes les lumières du pays s'éteignirent en même temps, en mémoire de Thomas Edison. Cette fois sans controverse.

98.

Pourquoi le Vatican est-il le plus petit État du monde ?

Seul pays classé au Patrimoine culturel de l'Humanité par l'UNESCO, le Vatican est sans doute l'État le plus singulier du monde. Peuplée d'ecclésiastiques, cette monarchie absolue, dont la langue officielle est le latin, dispose d'un drapeau, d'un hymne, d'une monnaie et même du statut d'observateur à l'ONU. Située sur la rive droite du Tibre, enclavée dans la ville de Rome, la cité est le plus petit pays du monde. Pourquoi ?

Au IVe siècle, la papauté acquiert le domaine du Latran pour installer sa résidence principale. Au cours du Moyen Âge, les États pontificaux s'étendent sur l'Italie centrale, incluant également le comtat Venaissin et Avignon. Toutefois, à partir de la fin du XVIIIe siècle, le territoire de la papauté va se réduire comme peau de chagrin. En 1791, le comtat Venaissin et Avignon sont rattachés à la France, pour former l'actuel département du Vaucluse. Annexés à la France sous l'Empire, les États pontificaux sont restaurés en 1814, mais amputés de la rive gauche du Pô, rattachée à l'Autriche.

En 1859, éclate la deuxième guerre d'indépendance italienne, entre le royaume de Piémont-Sardaigne et l'Autriche. L'année suivante, les armées de Victor-Emmanuel II annexent, une à une, la Romagne, les Marches, l'Ombrie… ne laissant au pape que Rome et sa région côtière, placée sous la protection de Napoléon III. C'est Florence qui devient la capitale du nouveau royaume italien.

En 1867, Garibaldi et ses « Chemises rouges » tentent de s'emparer des derniers résidus des États pontificaux, mais ils sont battus à Mentana par un corps expéditionnaire français envoyé par Napoléon III. Cependant, en septembre 1870, la France, qui a déclaré la guerre à la Prusse, retire ses troupes de Rome. L'armée italienne en profite pour annexer la Ville éternelle et en faire la capitale de l'Italie. Réfugié dans ses palais du Vatican, le pape Pie IX se considère prisonnier. Il excommunie le roi et refuse tout contact avec le nouveau régime, rejetant avec hauteur la « loi de Garanties » proposée par Victor-Emmanuel III, qui fait du Vatican une sorte de protectorat italien.

Durant plus d'un demi-siècle, il ne gouverne plus un État, il doit se contenter de gérer un patrimoine. Il faut attendre le 11 février 1929 pour que les accords du Latran, conclus entre le pape Pie XI et Mussolini, régularisent enfin une situation bloquée depuis 1870. Le souverain pontife accepte de reconnaître Rome comme capitale de l'État italien, tandis que l'Italie accorde au pape son entière souveraineté sur la cité du Vatican.

Le roi d'Italie était prêt à donner au Vatican un territoire d'une quinzaine de kilomètres carrés, mais Mussolini se montre intransigeant : il ne laisse au pape que le Vatican !

Si le pape Pie XI s'est finalement contenté de régner sur un si petit État, c'est parce que la papauté se trouvait au bord de la banqueroute et que Mussolini offrait le versement immédiat de 750 millions de lires, ainsi que de nombreux titres, en dédommagement de la perte des anciens États pontificaux et des biens ecclésiastiques

Signés dans le palais du Latran, ces accords historiques consacreront l'existence d'un nouvel État souverain de quarante-quatre hectares : la cité du Vatican, le plus petit État du monde.

99.

Pourquoi Nantes n'est-elle plus en Bretagne ?

Depuis bientôt une soixantaine d'années, un débat ne cesse d'enflammer la Bretagne : Nantes est-elle ou n'est-elle pas une ville bretonne ? Si, durant des siècles, la ville a occupé une place majeure dans l'histoire de la région, elle est officiellement rattachée aux Pays de la Loire depuis 1955. Chez les nombreux partisans d'une Nantes bretonne, on explique souvent que cette absurde séparation serait l'œuvre du régime de Vichy. Pas si simple…

Bretonne depuis le traité d'Angers de 851, Nantes demeure durant plusieurs siècles la capitale du duché de Bretagne, en alternance avec Rennes. C'est d'ailleurs à Nantes que se trouve le château des ducs de Bretagne, où naîtra notamment la célèbre Anne de Bretagne.

À la Révolution, l'ancien duché est divisé en cinq départements : le Finistère, les Côtes-du-Nord (devenu depuis les Côtes d'Armor), le Morbihan, l'Ille-et-Vilaine et la Loire-Inférieure (devenu Loire-Atlantique), avec Nantes comme préfecture. En 1919, un projet de regroupement régional des chambres de commerce est lancé par le ministre Étienne Clémentel. Celui-ci aboutit à la création de 21 régions économiques en France. La Bretagne est divisée en deux : une au nord avec l'Ille-et-Vilaine, les Côtes-du-Nord et le nord du Finistère (la VIe région) ; une au sud avec la Mayenne, la Sarthe, l'Indre-et-Loire, le Maine-et-Loire, la Vendée, la Loire-Inférieure, le Morbihan et le sud du Finistère (la Ve région).

En 1938, un nouveau découpage est opéré : le Finistère Sud et le Morbihan passent de la Ve à la VIe région économique, laissant la Loire-Inférieure seule dans la Ve région avec les départements du Val-de-Loire. Pour la première fois, Nantes est séparée du reste de la Bretagne.

Survient l'Occupation. Au printemps 1941, le maréchal Pétain charge le Conseil national de créer une commission des provinces, avec pour objectif de dessiner les limites des futures régions, qui devront être instaurées une fois la guerre terminée. S'inspirant des régions économiques, et après plusieurs tergiversations, 20 préfectures régionales sont créées. Une région bretonne est constituée, mais sans la Loire-Inférieure, qui est rattachée au Val-de-Loire, avec Angers pour préfecture. Ce découpage sera abrogé dès 1945.

Mais dix ans plus tard, dans le cadre du réaménagement territorial et du lancement du programme d'action régionale, 22 régions administratives françaises sont de nouveau tracées, correspondant peu ou prou à celles instituées par le régime de Vichy. Parce qu'elle est économiquement davantage liée au Val-de-Loire, il est décidé de confirmer la dissociation de la Loire-Inférieure de la Bretagne.

Ce découpage – qui aurait été exécuté en un après-midi ! – ne devait être que provisoire. Il s'est pourtant maintenu pendant plus de cinquante ans. En 2014, la réforme territoriale a encore réduit le nombre de régions de 22 à 13. Si certaines provinces historiques comme la Normandie ont pu être reconstituées, le découpage de la Bretagne et des Pays de la Loire n'a en revanche pas été modifié. Au grand dam des nombreux partisans de la réunification de Nantes et de la Bretagne…

100.

Pourquoi l'Allemagne n'a-t-elle pas choisi le 9 novembre, jour de la chute du mur de Berlin, comme fête nationale ?

Le 9 novembre 1989 est sans doute la date la plus importante de l'Histoire allemande, et même européenne, depuis 1945. Ce jour-là, devant les caméras de télévision du monde entier, tombait le mur de Berlin, surnommé « mur de la honte » et symbole absolu de la guerre froide divisant la ville depuis 1961. Cet événement annonça la chute de l'URSS et du monde communiste, mais également la réunification de l'Allemagne, divisée en deux pays (RFA et RDA) depuis 1949. Il est alors envisagé de choisir comme nouvelle fête nationale ce fameux 9 novembre. Mais, après moult débats, cette idée est abandonnée, pour des raisons tout aussi historiques…

En dehors de la chute du mur de Berlin, le 9 novembre renvoie à trois autres épisodes moins glorieux de l'Histoire allemande. Le 9 novembre 1918 a vu l'abdication de l'empereur Guillaume II, à la suite de la déroute de son armée à la fin de la Première Guerre mondiale, et la proclamation de la république, officialisée l'année suivante sous le nom de République de Weimar. Le 9 novembre 1923, quant à lui, a vu la tentative de putsch manquée d'Adolf Hitler à Munich.

Mais la raison principale qui empêche les Allemands de choisir le 9 novembre comme fête nationale date de 1938.

À la suite de la prise de pouvoir d'Adolf Hitler en 1933, les premières mesures antisémites sont instaurées en Allemagne. D'abord exclus d'un certain nombre de professions, les Juifs se voient ensuite séparés du reste des Allemands par les lois de Nuremberg de 1935. Malgré cette politique de ségrégation et les nombreuses brimades dont ils sont victimes, seulement un quart des Juifs allemands ont quitté l'Allemagne. Or, les nazis souhaitent accélérer leur départ.

Le 7 novembre 1938 au matin, un Juif polonais de 17 ans, Herschel Grynszpan, se présente à l'ambassade allemande de Paris et tire à vue sur le conseiller Ernst vom Rath, le blessant grièvement. Le 9 novembre 1938, vom Rath décède de ses blessures. Dès l'annonce de sa mort, alors que Hitler et tous les dignitaires nazis sont réunis à Munich pour commémorer le putsch de 1923, le ministre de la Propagande Joseph Goebbels dénonce un « complot juif » contre l'Allemagne et mobilise aussitôt les militants fanatisés – principalement les S.A. (sections d'assaut).

Par dizaines de milliers et en tenue de ville, les nazis envahissent les rues du Reich, en particulier à Vienne et à Berlin, où vit une importante communauté israélite. Un gigantesque pogrom se met en place. Durant la nuit, 267 synagogues sont saccagées et incendiées, ainsi que les locaux des organisations juives, tandis que près de 7 500 commerces sont pillés. Des dizaines de Juifs trouvent la mort durant ces émeutes. Environ 35 000 d'entre eux sont arrêtés et envoyés dans les camps de concentration de Dachau et de Buchenwald.

En raison de la quantité de vitrines brisées, cette nuit de cauchemar prendra le triste surnom de « Nuit de Cristal ». Hermann Göring, ministre du Reich, annoncera cyniquement : « *Je n'aimerais pas être un Juif en Allemagne.* » Quant à l'ancien empereur Guillaume II, qui avait abdiqué exactement vingt ans plus tôt et vivait exilé aux Pays-Bas, il déclara consterné : « *Pour la première fois, j'ai honte d'être Allemand.* »

La fête nationale allemande sera fixée au 3 octobre, date de l'officialisation de la réunification en 1990.

101.
Pourquoi, durant la Seconde Guerre mondiale, les Allemands étaient-ils appelés « les Chleuhs » ?

Opposés aux Français durant trois conflits majeurs depuis 1870, les Allemands sont affublés, depuis cette époque, d'une collection de sobriquets péjoratifs. L'origine de certains est facile à expliquer. Les « Teutons » étaient un peuple germanique de l'Antiquité. « Fritz » – dont le terme « Frisés » n'est qu'une déclinaison – était le diminutif de Friedrich, prénom très répandu en Allemagne. Durant la Grande Guerre, le surnom de « boche » provient de la boule de bois qu'on utilisait dans un jeu de quilles. Or, au cours de la Seconde Guerre mondiale, une nouvelle expression fait son apparition pour dénommer les Occupants : « Chleuhs ». Que signifie-t-il ?

Les Chleuhs sont le nom d'une tribu berbère du Maroc, présente dans le Haut-Atlas, l'Anti-Atlas et la vallée du Souss (région d'Agadir). Sa population est aujourd'hui estimée à huit millions de personnes. Quel rapport avec les Allemands ?

Pour le comprendre, il nous faut remonter au début du XXe siècle. Présente en Algérie depuis 1830, la France cherche à consolider la sécurité de sa colonie en établissant un protectorat sur le voisin marocain. Ce puissant royaume, qui a réussi à préserver son indépendance durant douze siècles, est également convoité par l'Espagne, l'Angleterre et l'Allemagne.

En 1906, une conférence internationale réunie à Algésiras offre à la France et à l'Espagne des droits particuliers sur le Maroc. L'année suivante, la France entame la conquête du pays. Celle-ci s'achève le 30 mars 1912 par le traité de Fès, qui fait du territoire marocain un protectorat français. Cela n'inclut pas l'extrême nord du pays et l'actuel Sahara occidental, qui reviennent à l'Espagne, ni Tanger, décrétée zone internationale.

Durant la Grande Guerre, les vétérans français du Maroc auraient donné le surnom de Chleuh, cette redoutable tribu berbère qu'ils avaient combattue quelques années plus tôt, aux soldats des troupes territoriales. Il désigne des hommes âgés de 35 à 45 ans, considérés comme trop vieux pour intégrer un régiment de première ligne d'active. Sans doute à cause de sa consonance germanique, ce mot va désigner à la fin de l'entre-deux-guerres les Alsaciens et Francs-Comtois qui parlent une autre langue que le français – on dit de cette population qu'elle parle *chleuh*.

Lors du déclenchement de la Seconde Guerre mondiale, par extension péjorative, le terme vient à désigner le soldat allemand. L'expression sera popularisée par l'humoriste Pierre Dac qui, en 1939, créa une chanson destinée à divertir les combattants français : *J'vais m'faire Chleuh !*

102.
Pourquoi Paris et Londres ne sont-elles plus à la même heure ?

On constate sur une carte géographique que la France et le Royaume-Uni sont situés peu ou prou sur le même méridien, en particulier les deux capitales Paris et Londres. Le soleil s'y lève et s'y couche aux mêmes heures. Pourtant, les deux pays appartiennent à deux fuseaux horaires différents, obligeant leurs concitoyens à vivre avec une heure de décalage. Pourquoi ?

Au congrès de Rome de 1883, des scientifiques du monde entier ont l'idée de créer une heure universelle. Ils conviennent de choisir un méridien de référence, à partir duquel on comptera les longitudes. On opte pour le méridien de Greenwich, qui tient son nom de l'observatoire fondé au XVIIe siècle dans la banlieue de Londres. À partir de ce repère, on divise la Terre en 24 fuseaux horaires de 15 degrés de longitude chacun. Sachant que, dans chacun des points du même fuseau horaire, la différence entre l'heure solaire et l'heure officielle ne peut pas excéder 30 minutes.

L'ennui, c'est que ces fuseaux horaires ne correspondent pas toujours aux frontières nationales. C'est pourquoi, au fil du temps et pour des raisons pratiques, la plupart des pays (à l'exception d'immenses territoires tels que les États-Unis ou la Russie) vont adopter une heure officielle unique susceptible de déborder sur la limite des fuseaux horaires. La Seconde Guerre mondiale va aussi jouer un rôle inattendu dans cette répartition.

En 1911, la France décide de s'aligner sur le fuseau horaire dépendant du méridien de Greenwich. Paris et Londres sont alors exactement à la même heure, dite GTM ou *Greenwich Mean Time* (« temps moyen de Greenwich »). Située dans un autre fuseau à l'est de la France, l'Allemagne est en avance d'une heure, c'est-à-dire à GTM+1.

Or, en juin 1940, lorsque les Allemands occupent la France, une de leurs premières décisions consiste à aligner l'heure de Paris sur celle de Berlin. Dans les territoires occupés, les Français doivent avancer leurs montres d'une heure. Dans un premier temps, la zone non occupée conserve l'heure française, si bien qu'à Vichy il est une heure plus tard qu'à Paris ! Ce décalage entre les deux zones n'ira pas sans poser quelques problèmes à la SNCF : les trains provenant de la zone libre circulent avec une heure de retard dans la zone occupée, tandis que dans l'autre sens, les trains venant de la zone occupée sont contraints d'attendre une heure à la ligne de démarcation.

Pour mettre fin à ces désagréments, la compagnie ferroviaire suggère au gouvernement de Vichy de s'aligner sur l'heure allemande. Et c'est ainsi que le décret du 16 février 1941 avance l'heure légale de 60 minutes dans les territoires non occupés. Toute la France se retrouve donc « à l'heure allemande » – selon l'expression à double sens popularisée par le roman de Jean-Louis Bory, *Mon village à l'heure allemande*, qui obtiendra le prix Goncourt en 1945.

À la Libération, un décret prévoit de repasser de GTM+1 (heure de Berlin) à GTM (heure de Londres). Mais, pour des raisons demeurées obscures, le projet est finalement oublié. La reconstruction du pays impose sans doute d'autres priorités. Depuis cette date, la France demeure dans le même fuseau horaire que l'Europe centrale : il est exactement la même heure à Brest qu'à Varsovie, alors que plus de 2 000 kilomètres séparent ces deux villes et que Brest se situe plus à l'ouest que Londres !

L'Espagne s'est distinguée sur ce point. En 1942, Franco avait aligné son pays, pourtant situé encore plus à l'ouest que la France, sur le fuseau horaire de l'Allemagne. Mais en 2013, déplorant les conséquences de cette heure légale sur le sommeil des Espagnols, un rapport parlementaire a préconisé le retour de l'Espagne dans le fuseau horaire britannique, afin d'accroître la productivité du pays.

103.

Pourquoi la capitulation allemande n'a-t-elle pas été signée le 8, mais le 7 mai 1945 ?

En France, la date du 11 novembre 1918 est souvent plus évocatrice que celle du 8 mai 1945. Certes, notre pays avait majoritairement œuvré à la victoire lors de la Première Guerre mondiale, tandis que, lors de la Seconde, les vainqueurs de l'Allemagne nazie sont d'abord l'URSS, les États-Unis et le Royaume-Uni. Mais une autre explication réside peut-être dans l'ambiguïté de la date. Car la capitulation allemande n'a pas été signée le 8, mais le 7 mai 1945. Et en Russie, la commémoration a lieu le 9 mai ! Un décryptage s'impose.

Après la bataille des Ardennes de décembre 1944, le général Eisenhower (futur président des États-Unis) transfère à Reims son quartier général de l'État-major suprême des Forces expéditionnaires alliées en Europe, afin de se retrouver au plus près du front. Une semaine après le suicide d'Adolf Hitler, c'est dans ce QG rémois que l'acte de reddition de l'Allemagne nazie est signé, le 7 mai 1945, à 2 h 41 du matin, par le général Jodl, chef d'état-major des forces armées allemandes. Il reconnaît la capitulation sans condition de l'Allemagne, sur les deux fronts, et ordonne la cessation des combats, le 8 mai à 23 h 01.

Trois autres généraux apposent leur signature : le général américain Walter B. Smith (futur directeur de la CIA) pour le camp allié, le général Sousloparov au nom de l'Armée rouge et, à la demande d'Eisenhower, un représentant français, le général Sevez, adjoint du général Juin. Pour immortaliser l'événement, pas moins de 17 correspondants de guerre sont présents. Mais l'annonce de cette nouvelle fait tout de même un mécontent, et non des moindres : Joseph Staline, qui s'indigne que l'acte de capitulation ait été signé sur le front de l'Ouest et non à l'Est !

Le dictateur soviétique exige aussitôt l'organisation d'une seconde cérémonie de capitulation à Berlin. Il soutient, à juste titre, qu'avec plus de 25 millions de morts, l'URSS a supporté la majeure partie du poids de la guerre. Le Premier ministre britannique Winston Churchill et le président américain Truman acceptent la demande de Staline, en dépit de l'opposition viscérale d'Eisenhower.

Ainsi, le 8 mai 1945, une seconde capitulation allemande est signée, dans une villa de la banlieue de Berlin, par le maréchal allemand Keitel, le maréchal soviétique Joukov, ainsi que les représentants américains, britanniques et français. Le texte est ratifié à 23 h 01, heure de Berlin. Or, avec le décalage horaire, c'est déjà le 9 mai à Moscou. Voilà pourquoi, en Russie, les commémorations de la victoire de 1945 ont lieu le 9 mai.

En France, on décide d'abord de commémorer la victoire des Alliés le deuxième dimanche de mai. En 1953, le 8 mai devient officiellement un jour férié et le demeurera jusqu'en 1961, année où le général de Gaulle décide de le supprimer. En 1975, Valéry Giscard d'Estaing met fin aux commémorations, dans le but d'apaiser les relations franco-allemandes. Ce n'est qu'avec François Mitterrand, en 1981, que les commémorations seront rétablies. Le 8 mai est redevenu depuis un jour férié.

104.

Pourquoi, le 17 juillet 1945, une chambre de l'hôtel Claridge de Londres fut-elle cédée à la Yougoslavie ?

Ce jour-là s'ouvre à Potsdam la conférence qui verra Truman, Churchill et Staline sceller le sort des pays vaincus de la Seconde Guerre mondiale et organiser le partage de l'Europe. Au même moment, se crée au Royaume-Uni la plus petite et la plus éphémère enclave de l'Histoire. Le temps d'une journée, la suite 212 de l'hôtel Claridge, un établissement de luxe du quartier londonien de Mayfair, est déclarée territoire yougoslave. Quelle pouvait bien en être la raison ?

Remontons plus de vingt-cinq ans en arrière. Ayant perdu la Première Guerre mondiale, l'empire d'Autriche-Hongrie est démantelé. Le 1er décembre 1918, un nouveau pays voit le jour : le « Royaume des Serbes, Croates et Slovènes ». La Couronne est confiée à Pierre Ier, qui régnait déjà sur la Serbie depuis 1903. Cette fédération rassemble autour de ce pays les différentes nations slaves du Sud, à savoir : la Croatie, la Slovénie, la Bosnie-Herzégovine et le Monténégro.

Bien que parlant une même langue (le serbo-croate), ces peuples sont adeptes de religions différentes (catholique, orthodoxe ou musulmane) et n'ont jamais cohabité dans le même État, ce qui rend leur union particulièrement fragile. Par ailleurs, les Croates acceptent mal l'autorité des Serbes.

En 1921, à la mort de Pierre Ier, son fils lui succède sous le nom d'Alexandre Ier. Le 6 janvier 1929, confronté à la montée des nationalismes, il décide de suspendre la Constitution, instaurant une véritable dictature dans le nouveau royaume de *Yougoslavie* (« pays des Slaves du Sud », en serbo-croate). Mais cette manifestation d'autoritarisme royal ne fait que renforcer les clivages. Et, le 9 octobre 1934, Alexandre Ier est assassiné à Marseille par un nationaliste macédonien à la solde des Oustachis, un mouvement extrémiste croate d'inspiration fasciste. Son fils Pierre II n'ayant que 11 ans, une régence est exercée par son cousin Paul de Yougoslavie, petit-fils de Pierre Ier. Ce dernier ne parvient pas davantage à mettre fin aux tensions entre Serbes et Croates.

Lorsque la Seconde Guerre mondiale éclate, la Yougoslavie est officiellement neutre. Mais, le 25 mars 1941, à la suite d'un ultimatum adressé par Hitler, le régent accepte de signer à Vienne un pacte d'alliance avec les puissances de l'Axe. Cette décision est mal perçue par une grande partie de la population serbe. Deux jours plus tard, un coup d'État militaire opéré par des généraux renverse le régent. En représailles, Hitler ordonne l'invasion de la Yougoslavie, bientôt contrainte à capituler, le 17 avril 1941.

Le gouvernement et la famille royale (dont le roi Pierre II âgé de 17 ans) se réfugient au Caire, puis à Londres. Dans la capitale britannique, Pierre II s'est installé à l'hôtel Claridge. Il fait la connaissance d'Alexandra de Grèce, fille du roi Alexandre Ier, exilée elle aussi… Les deux jeunes gens se marient le 20 mars 1944.

Le 17 juillet 1945, la reine accouche d'un fils, Alexandre. Or, pour que l'héritier soit légitime, il faut qu'il soit né en territoire yougoslave. Qu'à cela ne tienne, le roi George VI accepte de céder à la Yougoslavie la suite hôtelière dans laquelle Alexandra a accouché ! Baptisé par le patriarche Gabriel V de Serbie dans l'abbaye de Westminster, l'enfant a pour parrain et marraine le roi George VI et sa fille, la future Élisabeth II.

Le subterfuge ne permettra cependant pas le retour de la famille royale. Le 29 novembre 1945, le communiste Tito, nouvel homme fort du pays, dépose le roi Pierre II et proclame la naissance de la République fédérative populaire de Yougoslavie. Le prince Alexandre ne connaîtra son pays qu'en 1991.

105.

Pourquoi René Coty a-t-il été élu président de la République grâce à sa prostate ?

Régime éphémère, la IVe République n'a compté que deux présidents de la République : Vincent Auriol (de 1947 à 1954) et René Coty (de 1954 à 1958). Bien que populaire, ce dernier accepta de quitter prématurément l'Élysée en 1958, pour laisser la place au général de Gaulle et à la Ve République. Lors de ses obsèques, quatre ans plus tard, le nouvel hôte de l'Élysée ne manquera pas de rendre hommage à la modestie de son prédécesseur. Il faut dire que René Coty avait été élu président de la République presque par hasard. Grâce à sa prostate !

Le 18 avril 1951, le traité de Paris institue la Communauté européenne du charbon et de l'acier (la CECA), imaginée par Jean Monnet et proposée l'année précédente par Robert Schuman. Au même moment éclate la guerre de Corée, qui relance la guerre froide et ravive la menace d'une invasion de l'Europe par les Soviétiques. Pour y faire face, les six États membres de la CECA (France, RFA, Italie, Belgique. Luxembourg et Pays-Bas) acceptent la constitution d'une armée commune de 40 divisions, à vocation défensive et en coopération étroite avec l'OTAN.

Le 27 mai 1952 est signé le Traité de défense commune, qui instaure la Communauté européenne de Défense (CED).

Mais, pour être mise en application, celle-ci doit au préalable être ratifiée par les parlements nationaux. Or, parce qu'elle impose le réarmement de l'Allemagne, cette question divise profondément la classe politique française, transcendant les clivages habituels.

Si les démocrates chrétiens sont résolument pour, communistes et gaullistes font bloc contre le projet, tandis que les socialistes, radicaux et républicains indépendants demeurent partagés. En 1953, le président Auriol annonce son intention de ne pas solliciter un second mandat. Le 17 décembre, le Parlement se réunit en congrès pour élire son successeur. Le président du Conseil des ministres, Joseph Laniel, apparaît comme favori.

D'ordinaire, les présidents de la République sont toujours élus au premier ou au second tour, mais cette fois le scrutin s'éternise. Les prises de position des différents candidats sur la CED empêchent une majorité de se constituer. Après dix tours de scrutin, ne parvenant pas à réunir plus de 47 % des voix, Laniel se retire au profit de Louis Jacquinot. Mais celui-ci fait encore moins bien… Au douzième tour, Jacquinot décide de se retirer à son tour, en faveur de René Coty.

Vice-président du Sénat, Coty approche de ses 72 ans et n'est même pas candidat ! Il dispose néanmoins d'un atout : personne ne connaît sa position sur la CED. Et pour cause, il était absent le jour du vote, en raison d'une opération de la prostate…

Cette abstention involontaire lui permet de récolter la majorité absolue des suffrages au treizième tour, le 23 décembre 1953. Le nouveau président de la République entre en fonction le 16 janvier 1954, après la cérémonie de passation des pouvoirs avec son prédécesseur Vincent Auriol.

106.

Pourquoi Winston Churchill a-t-il refusé le titre de « duc de Londres » ?

Le 24 janvier 1965 au matin, Winston Churchill rendait son dernier soupir, soixante-dix ans jour pour jour après son père. En l'honneur de l'ancien Premier ministre qui dirigea héroïquement son pays durant la Seconde Guerre mondiale, les autorités britanniques organisèrent des funérailles nationales. En dehors des souverains, ce privilège n'avait été réservé qu'à quatre personnages auparavant : William Pitt le Jeune, l'amiral Nelson, le duc de Wellington et William Gladstone. Bien que descendant du prestigieux premier duc de Marlborough, Churchill avait dû attendre 78 ans pour porter un titre de noblesse. Mais, deux ans plus tard, il avait refusé le prestigieux titre de « duc de Londres ». Pourquoi ?

En dépit de sa glorieuse lignée du côté paternel, Churchill n'était pas noble de naissance. En effet, son grand-père John Winston Spencer-Churchill, 7e duc de Marlborough et vice-roi d'Irlande, avait transmis son titre à son fils aîné, George Charles Spencer-Churchill. Le cadet, Lord Randolph, ne bénéficiant d'aucun titre de noblesse, siégeait à la Chambre des communes.

C'est dans cette assemblée que Winston, le fils de ce dernier, commence sa carrière politique en 1900, élu député conservateur après avoir servi plusieurs années dans l'armée britannique. Il y demeurera plus d'un demi-siècle, cumulant les plus grandes fonctions ministérielles : ministre du Commerce, secrétaire d'État à l'Intérieur, secrétaire d'État à la Guerre, Premier Lord de l'Amirauté ou encore Chancelier de l'Échiquier (ministre des Finances).

En 1940, à l'âge de 65 ans, Winston Churchill accède enfin au poste de Premier ministre. Il s'y maintient brillamment durant toute la guerre avant de laisser la place, en juillet 1945, à son rival travailliste Clement Attlee. En octobre 1951, les conservateurs remportent les élections et Churchill se réinstalle au 10 Downing Street. C'est à ce moment-là seulement qu'il acquiert un titre de noblesse, celui de baronnet, moins renommé que celui de pair, mais qui lui permet de continuer à siéger comme député. En avril 1953, la reine Élisabeth II le fait chevalier du prestigieux ordre de la Jarretière. Devenu Sir Winston Churchill, il décide de prendre sa retraite en 1955, après un accident vasculaire cérébral.

Selon les usages, les anciens Premiers ministres britanniques se voient conférer le titre de comte. Mais, en raison du rôle considérable qu'a joué Churchill dans l'histoire de son pays, en particulier durant la Seconde Guerre mondiale, Élisabeth II lui propose le titre de « duc de Londres », ce qui constitue un honneur inédit. Pourtant, après mûre réflexion, Churchill décline cette offre. Non par humilité, mais pour ne pas nuire à la carrière politique de son fils Randolph, qui siège à son tour aux Communes.

Héritant du titre de duc de Londres à la mort de son père, Randolph aurait dû quitter cette Chambre, cœur de la vie politique britannique, pour celle des lords, dont le rôle est secondaire. Par ailleurs, fier de son glorieux ancêtre John Churchill, auquel il avait consacré plusieurs livres, l'ancien Premier ministre tenait à conserver son nom de famille. Pour refuser ce royal honneur, il fallait vraiment être un homme exceptionnel.

107.

Pourquoi, en 1956, la reine d'Angleterre aurait-elle pu être le chef de l'État français ?

Si tout le monde sait qu'Élisabeth II est à la tête du Royaume-Uni, on oublie souvent qu'elle règne également sur 15 autres anciennes colonies britanniques, membres du Commonwealth, comme le Canada, l'Australie, la Nouvelle-Zélande ou la Jamaïque. Or, en 2007, l'exhumation de certains documents officiels britanniques a révélé une information à peine croyable : la reine d'Angleterre aurait pu devenir chef de l'État français, à la suite d'une proposition de Guy Mollet, en 1956, concernant une union politique entre la France et son rival historique le Royaume-Uni ! Pourquoi cela ?

À l'automne 1956, la France se trouve dans une situation délicate. En juillet, le président égyptien Nasser a décidé, pour financer la construction du barrage d'Assouan, de nationaliser le canal de Suez, sur lequel la France et le Royaume-Uni, principaux actionnaires de la compagnie, disposent d'importants droits de passage. Parallèlement, la France s'enlise depuis deux ans dans la guerre d'Algérie. Or le gouverneur général de l'Algérie, Robert Lacoste, avise le gouvernement français que l'Égypte héberge les chefs de la rébellion algérienne et diffuse des messages séditieux par le biais de sa radio « La voix des Arabes ».

Contre l'avis du président de la République René Coty, le président du Conseil Guy Mollet se rallie à l'idée d'une intervention militaire contre Nasser. Il dispose en cela du soutien du ministre de la Défense Maurice Bourgès-Maunoury, du ministre de la Justice François Mitterrand et du Parlement. Mais les Français ne peuvent se lancer seuls dans un conflit contre l'Égypte.

La France possède aussi le soutien de son allié israélien, lequel souhaite mener une guerre préventive contre l'Égypte. Elle est surtout encouragée par le Royaume-Uni qui, comme elle, s'est trouvé lésé par la nationalisation du canal. En revanche, le gouvernement français doit s'opposer aux deux superpuissances que sont les États-Unis et l'URSS, favorables à Nasser.

Lors d'une visite à Londres, le 10 septembre 1956, Guy Mollet rencontre son homologue britannique Anthony Eden (qui a succédé à Winston Churchill) afin de préparer une intervention militaire. C'est à cette occasion qu'il propose à la Grande-Bretagne une « union politique » afin de mieux résister aux superpuissances et d'empêcher un affrontement direct entre les soldats des deux pays au Proche-Orient, la France étant l'alliée d'Israël et le Royaume-Uni celui de la Jordanie.

Les Britanniques rejetant l'idée d'une telle union, Mollet suggère l'adhésion de la France au Commonwealth. Or, un tel événement ferait officiellement de la reine Élisabeth II le chef de l'État français ! Conscient du tollé qui s'ensuivrait, le Premier ministre britannique exprime une fin de non-recevoir.

Quelques semaines plus tard, la crise de Suez se soldera pour les deux pays par un fiasco. À noter qu'une union franco-anglaise avait déjà été proposée par le très anglophile Jean Monnet durant la débâcle de juin 1940. Si cette idée avait été approuvée par Winston Churchill, Paul Reynaud et

Charles de Gaulle, elle aurait entraîné la fusion de nos deux pays en une seule nation, avec une armée et un parlement uniques. Mais l'arrivée au pouvoir de Pétain et la signature d'un armistice avec l'Allemagne enterrèrent de toute façon le projet.

INDEX NOMS PROPRES

Abst, Marie, 182
Akhenaton, 15
Alberoni, Giulio, 97
Albert de Saxe-Cobourg-Gotha, 238-239
Alexandra de Grèce, 268
Alexandre Ier, roi de Grèce, 268
Alexandre Ier, roi de Yougoslavie, 268
Alexandre Ier, tsar de Russie, 164
Alexandre (II) de Yougoslavie, 268-269
Alexandre II, pape, 33
Alexandre III, pape, 48
Alexandre le Grand, 28, 165
Alexandre V, pape, 57
Alexandre VII, pape, 48
Alexis Ier, tsar de Russie, 125
Aliénor d'Aquitaine, 40, 149
Alyatte II, roi de Lydie, 21
Amenhotep III, 185
Amundsen, Roald, 223
Andouillé du Tremblay, Jean Baptiste Antoine, 138
André, Louis, 231
Androuet du Cerceau, Jean, 157
Ango, Jean, 78
Anne d'Autriche, infante d'Espagne, 112, 157, 176
Anne de Bretagne, 255
Apollinaire, Guillaume, 225-226, 243
Arcade, 31
Attlee, Clement, 273
Auber, Daniel-François-Esprit, 179
Augier, Émile, 218
Auguste, empereur, 26, 28
Auriol, Vincent, 270-271
Autant-Lara, Claude, 184

Bacon, Francis, 88
Balzac, Honoré de, 88, 184, 218
Banks, Joseph, 141
Barberousse (Khayr ad-Din dit), 82
Barbey d'Aurevilly, Jules, 218
Bardot, Brigitte, 162
Barras, Paul, 146-147
Barry, Jeanne Bécu de Cantigny, comtesse du, 139
Barthélemy, François, 146
Baudelaire, Charles, 88, 218

Beauharnais, Joséphine de, 104, 160
Beaujon, Nicolas, 190
Beaumarchais, Pierre Augustin Caron de, 218
Bedell, Grace, 198
Bedford, John Russell, duc de, 136
Bell, Alexander Graham, 250-251
Belley, Jean-Baptiste, 160
Bellini, Gentile, 66
Berardi, Juanoto, 70
Bernard de Clairvaux, 39-40
Bernard, Tristan, 219
Berry, Charles Ferdinand d'Artois, duc de, 191
Bèze, Théodore de, 90
Birkin, Jane, 162
Bismarck, Otto von, 36
Blein, Ange François, 234
Boccace, Jean, 103
Bolívar, Simón, 172-173
Bonaparte, Caroline, 190
Bonaparte, Louis-Napoléon, *voir* aussi Napoléon III
Bonaparte, Lucien, 203
Bonaparte, Napoléon, *voir* aussi Napoléon Ier
Borgia, Cesare, 97
Bory, Jean-Louis, 263
Bossuet, Jacques Bénigne, 150
Bourbon, Louis Auguste, duc du Maine, 219
Bourbon, Louise Marie Bathilde d'Orléans, duchesse de, 190
Boycott, Charles Cunningham, 134
Bradshaw, John, 115
Bruant, Aristide, 116
Brutus, Marcus Junius, 23-24
Byzas, 58

Cabral, Pedro Alvares, 71
Caillaux, Henriette, 229-230
Caillaux, Joseph, 228-229
Cailleteau, Jean, 190
Calixte II, pape, 36
Callas, Maria, 22
Calmette, Gaston, 228-229
Cambacérès, Jean-Jacques-Régis de, 105, 157, 160
Caño, Juan Sebastian del, 76-78
Capet, Hugues, 51
Caraman, François Joseph de Riquet de, 152
Carnot, Lazare, 146
Carpaccio, Vittore, 66-67
Carter, Howard, 15-17
Cartier, Jacques, 79
Casanova, Giacomo, 88
Cassius, Caius, 24
Catherine de Bragance, 120-121
Catherine de Médicis, 124, 157
Catherine II, tsarine de Russie, 153
Catherine-Michelle d'Autriche, 99
Caton d'Utique, 23
Cavour, Camillo Benso di, 192-193, 195
César, Jules, 23-24, 26, 28
Chalmers, James, 189
Champollion, Jean-François, 186
Charlemagne, 41, 84, 105, 204
Charles de Lorraine, 123
Charles Ier d'Espagne, *voir* aussi Charles Quint, 75
Charles Ier, roi d'Angleterre, 81, 113-115
Charles II le Chauve, roi de France, 41
Charles II, roi d'Angleterre, 79, 114, 120-121, 170
Charles IX, roi de France, 93, 217
Charles le Téméraire, 64
Charles Quint, 75, 77, 81-82, 84-85, 89, 91, 106, 111
Charles V, roi de France, 57, 156

Charles VI de Habsbourg, empereur, 132
Charles VI, roi de France, 63, 156
Charles VII, empereur, 132-133
Charles X, roi de France, 176, 179, 181, 207
Charles-Albert de Bavière, *voir* aussi Charles VII, empereur
Charles-Albert Ier de Piémont-Sardaigne, 192
Charles-Emmanuel Ier de Savoie, 99-100
Chastillon, Claude, 157
Childebert Ier, 30-31
Childéric Ier, 104-105
Chirac, Jacques, 240, 244
Chrétien de Troyes, 42
Churchill, Randolph, 273
Churchill, Winston, 239, 266-267, 272-273, 275
Cipriani, Giuseppe, 67
Clémence de Hongrie, 51-52
Clemenceau, Georges, 236
Clément IV, pape, 49
Clément V, pape, 56
Clément VII, pape, 57
Clémentel, Étienne, 255
Clodoald (saint Cloud), fils de Clodomir, 30-31
Clodomir, 30
Clotaire Ier, 30-31
Clotilde, épouse de Clovis, 30-31
Clovis, 30-31, 41, 104
Colbert, Jean-Baptiste, 118-119
Colette, Sidonie-Gabrielle, 94
Colomb, Christophe, 68-72, 75
Colonna, Oddone, *voir* aussi Martin V, pape
Condé, Louis II de Bourbon-, 107
Condorcet, Nicolas de, 159
Conrad III, empereur, 40
Constantin Ier, empereur, 59
Cook, Frederick, 224
Cook, James, 137, 140-141
Copernic, Nicolas, 88
Corday, Charlotte, 151
Coty, René, 270-271, 275
Courbet, Gustave, 204-205
Crésus, roi de Lydie, 21-22
Cromwell, Oliver, 113-115, 120, 170
Cromwell, Richard, 114
Cyrus le Grand, roi de Perse, 22

Dabrowski, Henryk, 153-155
Dac, Pierre, 261
Dante Alighieri, 103
Darwin, Charles, 88
David, Jacques-Louis, 104
Delpech, Michel, 148
Denon, Vivant, 204
Descartes, René, 88
Desmoulins, Camille, 206
Desroches-Noblecourt, Christiane, 19
Diderot, Denis, 88, 218
Dietrich, Philippe Frédéric de, 233
Dioclétien, empereur, 96
Don Juan d'Autriche, 107
Donin, Nicolas, 46
Doukas, Théodora, 93
Doumergue, Gaston, 81
Dreyfus, Alfred, 218
Ducpétiaux, Édouard, 182
Dufay, Louis-Pierre, 160
Dumas, Alexandre, 86, 88, 218
Dunant, Henry, 201
Dupré, Augustin, 176
Dutronc, Jacques, 99

Edison, Thomas, 251
Edmond Beaufort, duc de Somerset, 63

Édouard IV, roi d'Angleterre, 64-65
Édouard le Confesseur, roi d'Angleterre, 32
Édouard V, roi d'Angleterre, 64
Édouard VII, roi d'Angleterre, 238
Édouard d'York, *voir* aussi Édouard IV, roi d'Angleterre
Eisenhower, Dwight D., 265-266
Élisabeth de France, 100, 112, 157
Élisabeth de Saxe, 211
Élisabeth d'York, 65
Élisabeth II, reine d'Angleterre, 32, 238-239, 269, 273-275
Emmanuel Ier, roi de Portugal, 75
Enjolras, Jean-Antoine, 183-184
Esposito, Raffaele, 212
Évreux, Henri Louis de La Tour d'Auvergne, comte d', 190

Fabre d'Églantine (Philippe François Nazaire Fabre, dit), 215
Faure, Edgar, 101
Fédor III, tsar de Russie, 125
Félix III, pape, 38
Ferdinand de Savoie, duc de Gênes, 211
Ferdinand Ier de Habsbourg, empereur, 85
Fernandel (Fernand Contandin, dit), 184
Filiat-Duclaux, Étienne, 184
Fitzgerald, John J., 249
Fitzpatrick, Percy, 245
Flagg, James Montgomery, 168-169
Foch, Ferdinand, 231, 241
Fontenay, Jean Jacques Devin de, 151
Foster, Warren, *voir* Honey, Edward George
France, Cécile de, 162
Franchet d'Espèrey, Louis, 241
Franco, Francisco, 200, 264
François de Bourbon, 82
François et Henri de France, fils de François Ier, 111
François Ier de Lorraine, empereur, 132
François Ier, roi de France, 73, 78-79, 81-82, 84, 99, 109, 111, 124, 156, 225
François II, empereur d'Autriche, 164
François II, roi de France, 90
François-Ferdinand d'Autriche, 228
Frédéric-Guillaume Ier, roi de Prusse, 131, 231
Frédéric II, roi de Prusse, 88, 131-133, 153

Gabriel V de Serbie, patriarche, 268
Galba, empereur, 28
Galilée, 88
Garibaldi, Giuseppe, 192-193, 196, 253
Gaulle, Charles de, 219, 266, 270, 276
Geneviève, sainte, 31
George II, roi d'Angleterre, 136
George III, roi d'Angleterre, 141
George V, roi d'Angleterre, 239, 245
George VI, roi d'Angleterre, 268-269
Geri, Alfredo, 226
Gide, André, 88
Gill, Allan, 224
Giscard d'Estaing, Valéry, 266
Giuliani, Rudolph, 249
Goebbels, Joseph, 258

Göring, Hermann, 258
Gonthier, fils de Clodomir, 30-31
Gouges, Olympe de, 151
Gray, Elisha, 251
Grégoire, Henri (abbé), 159
Grégoire VII, pape, 35-36, 38
Grégoire IX, pape, 46
Grégoire X, pape, 49-50
Grégoire XI, pape, 56
Grévy, Jules, 240
Grynszpan, Herschel, 258
Guccio, Jean de, *voir* Jean Ier de France
Guillaume Ier, roi des Pays-Bas, 178
Guillaume II de Prusse, 257-258
Guillaume Frédéric d'Orange-Nassau, *voir* Guillaume Ier des Pays-Bas
Guillaume le Bâtard, duc de Normandie, *voir* aussi Guillaume le Conquérant
Guillaume le Conquérant, roi d'Angleterre, 33
Guise, François et Henri de, 90
Gygès, 21

Hamad ibn Thuwaini, 221
Hamoud ibn Mohammed, 221
Hannibal, 165
Hardouin-Mansart, Jules, 203
Haro, Luis de, 112
Harold Godwinson, *voir* aussi Harold II, roi d'Angleterre
Harold II, roi d'Angleterre, 32-33
Harold III, roi de Norvège, 32-33
Hedges, Kenneth, 224
Hemingway, Ernest, 67
Henri II, roi d'Angleterre, 149
Henri II, roi de France, 156-157
Henri III, roi de France, 93-94
Henri IV, empereur, 35-36
Henri IV, roi d'Angleterre, 34
Henri IV, roi de France, 44, 99-100, 138, 157, 204
Henri V, empereur, 36
Henri V, roi d'Angleterre, 34, 150
Henri VI, roi d'Angleterre, 63-64
Henri VII, roi d'Angleterre, 65
Henri VIII, roi d'Angleterre, 81
Henri Tudor, *voir* aussi Henri VII d'Angleterre
Henson, Matthew, 224
Herbert, Wally, 224
Hergé (Georges Rémi, dit), 68
Hérodote, 22
Heydrich, Reinhard, 45
Hill, Rowland, 188-189
Hitler, Adolf, 257-258, 265, 268
Honey, Edward George, 244-245
Hoover, Herbert, 251
Hormisdas, pape, 38
Hudson, Henry, 79
Hugo, Victor, 88, 116, 165
Hugues, Victor, 160
Humbert Ier, roi d'Italie, 211

Ileana de Hunedoara-Nelipic, épouse de Vlad III, 62
Ireton, Henry, 115
Isabelle de Portugal, épouse de Charles Quint, 85
Isabelle la Catholique, 69
Ivan V, tsar de Russie, 125

Jackson, Andrew, 141, 168
Jacobsen, Michel, 106
Jacques d'York, *voir* aussi Jacques II d'Angleterre
Jacques II d'Angleterre, 79
Jacquinot, Louis, 271
Jaurès, Jean, 228-229
Jean Ier de Berry, 156

Jean Ier le Posthume, roi de France, 51-53
Jean II le Bon, roi de France, 51-52, 55
Jean III Sobieski, roi de Pologne, 123
Jean IV, roi de Portugal, 120
Jeanne de Navarre, 51-52
Jeanne la Folle, mère de Charles Quint, 85
Jefferson, Thomas, 197
Jodl, Alfred, 265
Joffre, Joseph, 231-232, 241
Jottrand, Lucien, 182
Joukov, Gueorgui, 266
Juin, Alphonse, 241, 266

Kant, Emmanuel, 88, 246
Keitel, Wilhelm, 266
Khalid ibn Bargach, 221
Knud II, roi de Norvège, 32
Koerner, Roy, 224
Kulczycki, Jerzy Franciszek, 123

Lacuée, Jean-Girard, 105
La Fayette, Gilbert du Motier de, 159
La Fontaine, Jean de, 88
La Meilleraye, Armand Charles de La Porte de, gouverneur du Port-Louis, 119
Langlois, Denis, 119
Laniel, Joseph, 271
Laparelli, Francesco, 92
Larevellière-Lépeaux, Louis Marie de, 146
La Reynie, Gabriel Nicolas de, 117
La Rochefoucauld, François de, 218
La Rochefoucauld-Liancourt, François de, 160, 207
Larousse, Pierre, 88
Launay, Bernard René Jordan de, 207
Lavabre, Guillaume, 147, 294
La Valette, Jean Parisot de, 91-92
Lavigne, Raymond, 216
Le Nôtre, André, 190
Lebrun, Charles François, 157
Leczinska, Marie, 154
Lenclos, Ninon de, 128
Liebenberg, Andreas, 122
Lincoln, Abraham, 97, 168, 197-198
Lindbergh, Charles, 168
Looman, Anton, 119
Louis Ier, roi de Hongrie, 52
Louis IV de Bavière, empereur, 213
Louis VII, roi de France, 39-40, 42
Louis IX dit Saint Louis, roi de France, 40, 45-46, 54
Louis X, roi de France, 51
Louis XII, roi de France, 156
Louis XIII, roi de France, 44, 100, 109, 112, 157, 176
Louis XIV, roi de France, 94-95, 104, 107-109, 112, 116-119, 122, 129, 150, 203, 219, 225
Louis XV, roi de France, 129, 132-134, 138-139, 154, 190, 219
Louis XVI, roi de France, 52, 105, 113, 143, 151, 190, 206-207, 233
Louis XVII, roi de France, 52-53
Louis XVIII, roi de France, 105, 191, 234
Louis-Philippe Ier, roi des Français, 29, 166, 176, 179, 184, 204, 295
Lumière, Louis et Auguste, 117

Luther, Martin, 57, 89
Lyautey, Hubert, 241

Mac Mahon, Patrice de, 201, 204, 240
Machiavel, Nicolas, 88, 103
Magellan, Fernand de, 75-76, 78
Magnus Ier, roi de Norvège, 32
Malraux, André, 19
Manuel Ier Comnène, 40
Marat, Jean-Paul, 151
Marc Antoine, 24
Marguerite d'Anjou, 63-64
Marguerite de Bourgogne, 51
Marguerite de Savoie, 211-212
Marie de Médicis, 112
Marie Tudor, reine d'Angleterre, 106
Marie-Antoinette d'Autriche, 123
Marie-Louise d'Autriche, 165
Marie-Thérèse d'Autriche, impératrice, 132, 153
Marie-Thérèse d'Autriche, infante d'Espagne, 112
Marius le jeune, 23
Marlborough, John Churchill, duc de, 272-273
Martin, André, 184
Martin, Pierre et Marie, 184
Martin V, pape, 57
Mathias Ier Corvin, roi de Hongrie, 61
Mathilde de Toscane, 36
Maupassant, Guy de, 218
Maximilien Ier de Habsbourg, empereur, 67, 133
Mazarin, Jules, 108, 112
Médicis, famille, 70-71, 103
Méhémet Ali, 185-186
Mehmet II, 59, 61-62
Mehmet IV, 122
Melbourne, William Lamb, lord, 189
Mélisende de Jérusalem, 40
Meucci, Antonio, 251
Mills, Jean-Baptiste, 160
Mirabeau, Honoré Gabriel Riqueti de, 143, 159
Mitterrand, François, 187, 266, 275
Mocenigo, Amalia, 67
Molière, 21
Mollet, Armand-Claude, 190, 274-275
Mollet, Guy, 300
Monck, George, 114
Monnet, Jean, 270, 275
Montagu, John, *voir* Sandwich, comte de
Montaigne, Michel de, 88, 128
Morand, Paul, 219
Moulay Youssef, 81
Mounier, Jean Joseph, 143
Mountbatten, Philip, 239
Murat, Joachim, 190
Mussolini, Benito, 253

Napoléon Ier, 104-105, 147, 154, 164-165, 190-191, 203-204, 227
Napoléon III, 105, 176, 196, 200-201, 204, 237, 253
Narai le Grand, roi de Siam, 119
Nasser, Gamal Abdel, 19, 274-275
Necker, Jacques, 206
Néfertari, 18
Néron, empereur, 28-29
Nicolas II, pape, 48
Nicolas II, tsar de Russie, 238
Nivelle, Robert Georges, 232
Noah, Yannick, 162
Noailles, Louis de, 139

Nompère de Champagny, Jean-Baptiste, 164

Octave (Caius Octavius), *voir* Auguste, 24
Ojeda, Alonso de, 71
Onassis, Aristote, 22
Orgemont, Pierre d', 156
Otero, Caroline, 94
Othon, empereur romain, 28

Parnell, Charles Stewart, 134
Paul de Yougoslavie, 268
Paul VI, pape, 88
Peary, Robert, 223-224
Peruggia, Vincenzo, 226
Pétain, Philippe, 241, 256, 276
Pétrarque, 103
Philippe d'Orléans, régent, 129
Philippe II Auguste, roi de France, 43-44
Philippe II, roi d'Espagne, 85, 92, 99, 157
Philippe III, roi de France, 49
Philippe III, roi d'Espagne, 112
Philippe IV le Bel, roi de France, 47, 51-52, 54
Philippe IV, roi d'Espagne, 112, 157, 179
Philippe le Beau, père de Charles Quint, 85
Philippe V, roi de France, 52
Philippe VI, roi de France, 54
Phillip, Arthur, 141
Picasso, Pablo, 226
Pie IV, pape, 88
Pie V, pape, 92
Pie VII, pape, 104
Pie IX, pape, 36, 253
Pie XI, pape, 253
Pieret, Géry, 226
Pierre Ier le Grand, tsar de Russie, 125-127
Pierre Ier, roi de Yougoslavie, 125, 267-268
Pierre II, roi de Yougoslavie, 268-269
Pierre, saint, 37
Piron, Alexis, 218-219
Pitt le Jeune, William, 152, 272
Pline l'Ancien, 149
Poincaré, Raymond, 235
Pompadour, Jeanne Antoinette Poisson, marquise de, 134, 190
Pompée le Grand, 23-24, 28
Poubelle, Eugène, 209-210
Prignano, Bartolomeo, *voir* aussi Urbain VI, pape
Proust, Marcel, 218
Ptolémée Claude, 71
Pyrrhus Ier, roi des Molosses, 28

Rabelais, François, 87
Radu III de Valachie, 61
Rambuteau, Claude-Philibert Barthelot de, 29
Ramsès II, 15, 18, 20, 185-186
Ramsès VI, 16
Raspail, Benjamin, 208
Rath, Ernst vom, 258
Raymond de Poitiers, 40
René II de Lorraine, 71
Reubell, Jean-François, 146
Reubell, Marie-Anne, 147
Ribart de Chamoust, Charles, 165
Richard de Gloucester, *voir* aussi Richard III, roi d'Angleterre
Richard de Shrewsbury, 64
Richard d'York, 63-64
Richard II, roi d'Angleterre, 57
Richard III, roi d'Angleterre, 64
Richard Neville, comte de Warwick, 64

Richelieu, Armand Jean du Plessis de, 94, 100
Richepance, Antoine, 161
Robert de Genève, *voir* aussi Clément VII, pape
Robespierre, Maximilien de, 144-145, 152
Rochette, Jean, 184
Rockwell, Norman, 168
Rohan-Chabot, Guy-Auguste de, 129
Roland, Manon, 151
Ronsard, Pierre de, 90
Roosevelt, Franklin, 197
Ross, James Clark, 223
Rostand, Edmond, 243
Rouget de Lisle, Claude Joseph, 154, 233-234
Rousseau, Jean-Jacques, 88

Saïd ben Sultan al-Busaid, 220
Saint-Évremond, Évelyne de, 248
Saint-Just (Louis Antoine de), 215
Saint-Pierre, Charles Irénée Castel de, 246
Saint-Séverin, comte de, 133
Samano, Juan, 173
Sandwich, John Montagu, comte de, 136-137
Sarre, Georges, 235
Sartre, Jean-Paul, 88
Saxe, Maurice de, 132
Schœlcher, Victor, 159
Selvo, Domenico, 93
Serbelloni, Gabrio, 92
Servilia Caepionis, 23-24
Sevez, François, 266
Sévigné, Marie de Rabutin-Chantal, marquise de, 150
Sigismond de Luxembourg, empereur, 57, 60
Silhouette, Étienne de, 134-135
Smith, Walter B., 265
Sogisène d'Alexandrie, 26
Soliman II le Magnifique, 82, 92, 124
Solon, 22
Sophie Alexeïevna Romanova, 125
Soubise, Charles de Rohan-, 139
Sousloparov, Ivan, 266
Spencer-Churchill, George Charles, 272
Spencer-Churchill, John Winston, 272
Spencer-Churchill, Randolph Frederick, 272
Staline, Joseph, 266-267
Stanislas II, roi de Pologne, 153-154
Starhemberg, Ernst Rüdiger von, 122
Steinmann, Jean, 88
Stendhal (Henri Beyle, dit), 218
Stoker, Bram, 60
Sucre, Antonio José, 173
Suétone, 29
Sylla, Lucius Cornelius, 23
Sylvère, pape, 38

Tallien, Jean Lambert, 151-152, 295
Tallien, Thérésa, 151-152, 295
Tasman, Abel, 140
Teck, Mary de, 239
Thibaut II de Champagne, 39
Thibaut, fils de Clodomir, 30-31
Thierry Ier, 30
Thiers, Adolphe, 240
Tibère, 26, 185
Tito, Josip Broz, 269
Titus, empereur, 29
Toutankhamon, 15-16
Trajan, empereur romain, 204
Truman, Harry S., 266-267

Turenne, Henri de La Tour d'Auvergne, vicomte de, 107

Urbain VI, pape, 56-57

Vallot, Antoine, 108
Verdi, Giuseppe, 192-193
Verrazano, Giovanni, 78-79
Vespasien, empereur, 28-29
Vespucci, Amerigo, 70-71
Victor-Amédée Ier de Savoie, 100
Victor-Emmanuel II de Piémont-Sardaigne, roi d'Italie, 192-193, 195-196, 211, 252
Victoria, reine d'Angleterre, 75-76, 189, 238-239
Vidocq, François, 116
Vieille, Paul, 236
Villequier, Louis Alexandre Céleste d'Aumont, duc de, 138-139
Villiers de L'Isle-Adam, Philippe de, 91
Villon, François, 116
Vilmorin, Louise de, 38
Vinci, Léonard de, 225
Visconti, Tebaldo, *voir* aussi Grégoire X
Vitellius, empereur, 28
Vlad II Dracul de Valachie, 60-61
Vlad III Tepes de Valachie, 60-61
Voltaire (François-Marie Arouet, dit), 88, 128-129, 131

Waldseemüller, Martin, 70-72
Washington, George, 197-198, 250
Willy (Henri Gauthier Villars, dit), 94
Wilson, Samuel, 167-169
Wilson, Woodrow, 246-247
Wybicki, Jozef, 153-154

Ximénès, Augustin Louis de, 150

Zola, Émile, 88, 218-219

DATES À RETENIR

-1327 : date approximative de la mort à l'âge de 18 ans de Toutankhamon. Sa tombe ne sera découverte que le 29 novembre 1922 par Howard Carter.

-1250 : Ramsès II, pharaon d'Égypte, fait construire les temples d'Abou Simbel. Menacés par la montée des eaux du lac Nasser, ils sont déplacés entre 1963 et 1968.

-546 : Crésus, roi de Lydie, entre en guerre contre le roi de Perse, Cyrus le Grand, et envahit la Cappadoce, région à l'est de l'Asie Mineure.

-44 (15 mars) : assassinat de Jules César lors d'un complot auquel participe le sénateur Brutus, jeune protégé du dictateur.

-8 : réforme du calendrier par l'empereur Auguste, afin d'être en totale conformité avec l'année solaire.

69 (20 décembre) : les citoyens romains égorgent sur le forum l'empereur Vitellius, défait par Vespasien qui lui succède sur le trône impérial.

524 : Clodomir, l'un des fils de Clovis, trouve la mort dans une expédition punitive contre les Burgondes.

1066 (14 octobre) : le duc de Normandie Guillaume défait Harold II à Hastings et, désormais surnommé « le Conquérant », devient roi d'Angleterre.

1077 (25 janvier) : l'empereur germanique Henri IV se présente en habit de pénitent devant le château de Canossa pour obtenir du pape la levée de son excommunication.

1139 : le concile de Latran II entérine l'obligation du célibat pour les prêtres catholiques.

1148 (24 juillet) : début du siège de Damas par les croisés qui ne rapporteront de cette équipée désastreuse qu'une nouvelle variété d'arbres : des pruniers.

1160 : première occurrence du terme « fleur de lys » dans *Érec et Énide*, roman de Chrétien de Troyes. C'est à cette époque que le roi Louis VI adopte cette fleur comme symbole officiel de la monarchie française.

1185 : écœuré par l'odeur pestilentielle des rues de Paris, recouvertes de boue et de détritus, le roi Philippe Auguste ordonne le pavage des rues de la capitale.

1269 : Saint Louis impose aux juifs le port de la rouelle, ancêtre de l'étoile jaune, étoffe de couleur jaune ou rouge censée représenter les pièces d'or que Judas a acceptées après avoir trahi Jésus.

1274 (7 juillet) : par la bulle *Ubi periculum*, Grégoire X fixe le principe de l'enfermement à clé des cardinaux dans le palais pontifical pendant la période d'élection papale ; ce nouveau mode de scrutin prend le nom de « conclave ».

1316 (19 novembre) : mort de Jean Ier, dit le Posthume, quatre jours seulement après sa naissance et sa proclamation comme roi de France.

1343 : le roi Philippe VI consacre la « gabelle », impôt sur le sel, en taxe permanente. Cependant la Bretagne, pas encore rattachée au royaume de France, en est exempte et on continue à y produire du beurre salé, à la différence du reste du royaume.

1417 : la révocation du trône de saint Pierre des trois papes qui se le disputaient et l'élection d'Oddone Colonna, sous le nom de Martin V, mettent un terme au Grand Schisme d'Occident.

1453 : chute de Constantinople, prise par les Turcs ; l'ex-capitale de l'Empire romain d'Orient, puis de l'Empire byzantin, devient celle de l'Empire ottoman et prend le nom d'Istanbul.

1456 : Vlad III, à la poursuite de tous ceux qui ont pris part au renversement de son père, instaure en Valachie un régime de terreur. Surnommé l'Empaleur, il inspirera à l'écrivain irlandais Bram Stoker son héros Dracula.

1485 : création de la « rose Tudor », rouge à cœur blanc, lors du mariage d'Henri VII Tudor et d'Élisabeth d'York, à l'issue de la guerre des Deux-Roses.

1490 : réalisation par Vittore Carpaccio de la *Légende de sainte Ursule*, une série de neuf toiles racontant l'histoire d'une princesse bretonne fiancée à un prince d'Angleterre.

1504 (29 février) : l'annonce d'une éclipse totale de lune permet à Christophe Colomb, qui les menace d'une disparition de l'astre, de convaincre les indigènes de l'île de la Jamaïque de le ravitailler.

1507 : le moine Martin Waldseemüller publie un planisphère où apparaît pour la première fois un nouveau continent, baptisé *America* en l'honneur du « découvreur » Amerigo Vespucci. Malgré l'erreur, le nom restera.

1516 (29 novembre) : le roi de France François Ier, victorieux à Marignan l'année précédente, conclut avec les cantons suisses le traité de Fribourg qui pose les bases de la neutralité de la Confédération.

1521 (27 avril) : Magellan tombe dans une embuscade sur l'île de Cebu, dans l'archipel des Philippines, et décède de ses blessures.

1524 : Verrazano débarque sur la côte nord-américaine, dans une baie qu'il baptise « Terre d'Angoulême » en l'honneur du roi de France, ex-duc d'Angoulême, à l'emplacement de la future ville de New York.

1543 : François Ier propose à ses alliés musulmans commandés par Barberousse de passer l'hiver à Toulon où la cathédrale est pour quelques mois transformée en mosquée.

1558 (août) : l'empereur Charles Quint, retiré dans le monastère de Yuste en Estrémadure, voyant la mort venir, décide d'organiser ses propres funérailles afin de pouvoir y assister de son vivant.

1559 : création lors du concile de Trente de l'*Index librorum prohibitorum* (Index des livres interdits), qui référence les ouvrages jugés immoraux ou contraires à la foi catholique.

1560 : à la suite de la « conjuration d'Amboise », où des protestants ont tenté d'enlever le jeune François II pour le soustraire à l'influence des Guise, le terme de huguenot apparaît pour désigner les protestants français.

1565 : Jean Parisot de La Valette, grand maître de l'ordre des Hospitaliers, soutient héroïquement un siège de quatre mois à Malte contre les Turcs. En son hommage, la nouvelle ville fortifiée qu'il a entrepris de construire sera baptisée La Valette.

1573 (mai) : le duc d'Anjou, futur Henri III, est élu roi de Pologne. Il quitte précipitamment ce trône très peu de temps après pour succéder en France à son frère Charles IX.

1600 : Saint-Marin adopte une Constitution encore utilisée aujourd'hui, ce qui fait d'elle la plus vieille république du monde.

1610 (25 avril) : le duc de Savoie Charles-Emmanuel, opérant un retournement complet d'alliance, signe avec la France le traité de Bruzolo contre l'Espagne.

1612 : publication par l'*Accademia delle Crusca* (fondée en 1582 à Florence) de *Il Vocabulario*, premier dictionnaire en langue italienne, qui servira d'exemple dans l'ensemble de l'Europe.

1653 (27 mai) : un maçon découvre par hasard à Tournai (Belgique actuelle) une ancienne sépulture mérovingienne : celle de Childéric, père de Clovis et fondateur de la dynastie mérovingienne.

1658 (25 juin) : Louis XIV entre dans Dunkerque, alors sous contrôle espagnol. Française le temps d'un *Te Deum* à l'église Saint-Éloi, la ville devient anglaise le soir, comme stipulé dans le traité de Paris. Cet épisode sera surnommé « la folle journée ».

1658 (juillet) : Louis XIV, âgé de 19 ans, contracte une forte fièvre typhoïde. Pour cacher sa calvitie naissante sous l'effet des drogues absorbées, il décide de se raser la tête et de porter une perruque, et en lance la mode à la cour.

1659 (7 novembre) : signature du traité des Pyrénées sur l'île des Faisans par le cardinal de Mazarin et Don Luis de Haro à la suite de la victoire franco-anglaise à la bataille des Dunes.

1661 (30 janvier) : le jour de l'anniversaire de la mort de Charles Ier, la dépouille exhumée de Cromwell est pendue publiquement, deux ans après sa mort.

1667 (15 mars) : le Roi-Soleil signe un édit dans lequel il crée la charge inédite de lieutenant de police de Paris, rassemblant sous une autorité unique tous les services de sécurité.

1671 : fin de la construction (commencée en 1666) du navire *Soleil d'Orient*, communément appelé *L'Orient*. Son nom restera associé au lieu où il demeura si longtemps en construction, site de la ville actuelle de Lorient.

1683 : le duc d'York, propriétaire de la colonie et frère de Charles II, décide de baptiser du nom de Queens le village fondé à l'est de Manhattan sur l'île de Long Island, en hommage à la reine Catherine de Bragance.

1683 (12 septembre) : tandis que Vienne s'apprête à tomber devant les Ottomans, un ultime assaut est lancé contre eux. La victoire qui s'ensuit serait à l'origine de la confection de pâtisseries en forme de croissants.

1698 (5 septembre) : Pierre Ier décrète par un oukase l'interdiction de la barbe dans toute la Russie, convaincu que son port est un des signes visibles de l'immobilisme de son peuple.

1717 (16 mai) : François-Marie Arouet, dit Voltaire, est envoyé à l'âge de 23 ans à la Bastille pour outrage, après avoir écrit plusieurs épigrammes décrivant les amours incestueuses du Régent.

1748 (18 octobre) : le traité d'Aix-la-Chapelle met fin à la guerre de Succession d'Autriche après huit ans de conflit.

1759 (21 novembre) : destitution d'Étienne de Silhouette, contrôleur général des Finances de Louis XV. Cible favorite de la cour, il est ridiculisé par des dessins minimalistes qui le représentent, baptisés « silhouettes ».

1762 : tandis que John Montagu, 4e comte de Sandwich, dispute dans un pub une partie de cartes, le cuisinier lui apporte un petit en-cas improvisé, composé de fromage et de viande de bœuf froide insérés entre deux tranches de pain.

1774 (10 mai) : Louis XV meurt à Versailles, à l'âge de 69 ans. Plus impopulaire que jamais, le roi était atteint de variole, ce qui lui vaut d'être enterré sans embaumement et sans protocole.

1788 (26 janvier) : une flotte de navires, avec à leur bord plus de 700 condamnés, accoste à Port Jackson (future Sydney) en Nouvelle-Galles du Sud. Cet événement fondateur de l'histoire de l'Australie est commémoré sous le nom d'*Australian Day*.

1789 (11 septembre) : réunis pour délibérer du droit de veto accordé au roi, les députés de l'Assemblée constituante se répartissent selon leur opinion de part et d'autre du président. Cette séparation va s'ancrer pour devenir le clivage gauche-droite structurant de la politique française.

1792 (septembre) : la Société des Amis de la Constitution prend officiellement le nom de club des Jacobins, en référence au couvent où ses membres se réunissent.

1792 (octobre) : date de composition en occitan d'une chanson révolutionnaire, *La Garisou de Marianno* (« La Guérison de Marianne »), écrite par le troubadour Guillaume Lavabre, originaire du Tarn. Elle consacre la jeune République du nom de « Marianne ».

1793 : le poète Augustin Louis de Ximénès forge pour la première fois l'expression « perfide Albion » pour désigner l'Angleterre dans son poème *L'Ère des Français.*

1794 (27 juillet) : chute de Robespierre (9 Thermidor). Thérésa Tallien, figure de la Révolution alors emprisonnée, retrouve sa liberté et se voit surnommée « Notre-Dame de Thermidor ».

1797 : écriture par le poète Josef Wybicki d'un chant intitulé *Chant des Légions polonaises en Italie*, à la gloire de Bonaparte. Il deviendra officiellement l'hymne de la Pologne en 1927.

1800 (14 septembre) : la place de l'Indivisibilité est rebaptisée « place des Vosges », en l'honneur du premier département à avoir acquitté ses taxes.

1802 (20 mai) : Napoléon décide d'abolir le décret du 4 février 1794 et de légaliser de nouveau l'esclavage dans les colonies. Ce dernier ne sera aboli définitivement que quarante-six ans plus tard.

1806 (15 août) : la première pierre du futur Arc de Triomphe est posée le jour de l'anniversaire de Napoléon, sans que l'on sache encore à quoi ressemblera le monument.

1812 (18 juin) : le Congrès américain vote une déclaration de guerre contre le Royaume-Uni, qui arraisonne ses navires de commerce à destination de la France napoléonienne.

1815 (18 juin) : après avoir vaincu les Français à Waterloo, les *1st Foot Guards* britanniques obtiennent en récompense le droit de porter le bonnet en poil d'ours, considéré comme une coiffe de prestige.

1825 (6 août) : le Haut-Pérou ou « Charcas » proclame son indépendance du Pérou et Simón Bolívar en devient le premier président. La nation prend le nom de Bolivie en son honneur.

1830 (30 juillet) : l'une des premières ordonnances signées par Louis-Philippe après l'abdication de Charles X fait figurer le coq gaulois sur les boutons d'habit de la garde nationale et en surmonter ses drapeaux. L'oiseau devient un emblème national.

1830 (25 août) : à Bruxelles, les spectateurs s'enflamment lors d'une représentation de *La Muette de Portici*, de Daniel-François-Esprit Auber, qui exalte les idéaux de patrie et de liberté. L'exaltation générale qui s'ensuit conduira peu après à l'indépendance de la Belgique.

1831 (12 octobre) : les autorités belges décident d'inverser l'ordre des couleurs du drapeau national fraîchement adopté par le gouvernement provisoire, mettant à la hampe le noir. Les drapeaux sont modifiés, mais pas la Constitution.

1833 : procès de l'« auberge rouge », surnom de l'établissement de Peyrebeille dont les tenanciers sont accusés d'avoir assassiné une cinquantaine de victimes.

1836 (25 octobre) : l'obélisque de Louxor, cadeau fait à la France par Méhémet Ali pour l'avoir aider à moderniser l'Égypte, est érigé place de la Concorde.

1840 (6 mai) : les services postaux britanniques créent le tout premier timbre-poste de l'Histoire, surnommé « Penny Black », parce qu'il montre sur fond noir le profil de la jeune reine Victoria.

1848 (12 décembre) : l'attribution du palais de l'Élysée comme résidence officielle du président de la République est votée par décret. Toutefois, ce n'est qu'en 1879 qu'une loi viendra la confirmer.

1859 (29 avril) : une guerre éclate entre le Piémont et l'Autriche. La victoire des Piémontais en juin à Magenta conduira à l'unification italienne.

1860 (24 mars) : Napoléon III et Victor-Emmanuel II signent le traité spécifiant le rattachement du comté de Nice et de la Savoie à la France, qui sera confirmé par un référendum en avril et réalisé le 12 juin 1860.

1860 : Lincoln obtient l'investiture républicaine pour l'élection présidentielle américaine.

1863 (17 juillet) : création par Henry Dunant, banquier genevois hanté par le souvenir de la bataille de Solférino, du

Comité international de la Croix-Rouge, première organisation neutre se donnant pour mission de secourir les victimes de guerre.

1871 (16 mai) : la colonne Vendôme est abattue et ses plaques de bronze fondues à la suite d'une décision de la Commune de Paris. Deux ans plus tard, le président de la République décidera de la faire reconstruire.

1880 (21 mai) : le député de la Seine Benjamin Raspail propose de faire du 14 juillet notre fête nationale, commémoration à la fois de la prise de la Bastille de 1789 et de la fête de la Fédération de 1790.

1884 (7 mars) : le préfet de la Seine Eugène Poubelle signe un arrêté qui interdit aux Parisiens de jeter par la fenêtre leurs eaux usées et autres détritus, et impose aux propriétaires de mettre à disposition des récipients communs pour recevoir les déchets des ménages : c'est l'invention de la poubelle.

1889 (11 juin) : Marguerite de Savoie, reine d'Italie, invite dans son palais de Capodimonte, à Naples, Raffaele Esposito, considéré comme le meilleur pizzaïolo de la ville. En son hommage, il rebaptise l'une de ses compositions du nom de *Margherita*.

1889 : l'Assemblée fédérale suisse adopte définitivement une croix blanche légèrement modifiée sur fond rouge pour son drapeau créé en 1821, qui garde sa forme carrée inspirée des bannières militaires.

1890 (1er mai) : des ouvriers européens font grève et défilent dans plus de 130 villes. La fête du Travail sera désormais célébrée chaque année le 1er mai.

1890 : première candidature d'Émile Zola à l'Académie française. Il cessera de se présenter après son *J'accuse* en 1898, ayant cumulé vingt-quatre échecs, ce qui constitue un record inégalé.

1896 (27 août) : la guerre la plus courte de l'Histoire – 38 minutes – éclate entre l'Angleterre et Zanzibar. Elle marquera la fin de l'autonomie de Zanzibar.

1909 (6 avril) : l'Américain Robert Peary atteint le pôle Nord, exploit que lui dispute Frederick Cook – en fait, ni l'un ni l'autre n'y seraient réellement parvenus.

1911 (7 septembre) : soupçonné à tort du vol de *La Joconde*, le poète Apollinaire est incarcéré quelques jours à la prison de la Santé.

1914 (16 mars) : le journaliste Gaston Calmette est assassiné par la femme du ministre Joseph Caillaux.

1914 (août) : tandis que la France cumule les défaites face à l'offensive allemande, les généraux défaillants sont affectés en catastrophe à l'arrière du front à Limoges, dans la XIIe région militaire. Cet épisode inspire aux commentateurs le néologisme « limoger ».

1915 : afin d'exalter le sentiment patriotique des Français, le transfert des cendres de Rouget de Lisle au Panthéon est voté à l'unanimité le 6 juillet par le Conseil de Paris, mais la décision ne sera jamais entérinée.

1915 (août) : l'armée française adopte un nouvel uniforme, surnommé « bleu horizon », en abandonnant le pantalon rouge garance dont le colorant est uniquement fabriqué en Allemagne. Il faudra attendre 1935 pour qu'elle passe enfin au kaki.

1917 (17 juillet) : le nouveau roi d'Angleterre George V décide de changer le nom de sa famille afin de gommer son héritage allemand ; la maison régnante ne s'appelle plus Saxe-Cobourg-Gotha, mais Windsor.

1918 (14 février) : le maréchal Joffre, vainqueur de la bataille de la Marne, est élu à l'Académie française à l'unanimité, d'où l'expression « une élection de maréchal ».

1918 : une épidémie de grippe se développe en Asie et se propage aux États-Unis ; elle est importée en Europe par les soldats américains, mais surnommée en France « grippe espagnole ».

1919 (11 novembre) : à 11 heures précises, en souvenir des victimes de la Grande Guerre, l'ensemble du Royaume-Uni cesse ses activités durant deux minutes : une pour les morts et une autre pour les survivants.

1920 (19 janvier) : le Sénat américain à majorité républicaine refuse de ratifier le traité de Versailles, protocole indispensable pour adhérer à la Société des Nations, qui sera remplacée par l'ONU en 1945.

1921 (3 mai) : le journaliste sportif du *Morning Telegraph* John J. Fitzgerald entend des valets d'écurie noirs surnommer New York « Big Apple », expression qu'il reprend dans un de ses articles et qui désigne depuis la ville.

1922 (4 août) : le jour des funérailles de la mort de Graham Bell, inventeur du téléphone, toutes les lignes téléphoniques du Canada et des États-Unis sont coupées en son hommage durant une minute.

1929 (11 février) : signature des accords de Latran entre le pape Pie XI et Mussolini qui accorde au pape l'entière souveraineté sur la cité du Vatican.

1938 : le nouveau découpage des régions économiques laisse la Loire-Inférieure dans la Ve région avec les départements du Val-de-Loire, Nantes étant séparée pour la première fois du reste de la Bretagne.

1938 (9 novembre) : le conseiller allemand Ernst vom Rath meurt, tué par un Juif polonais à l'ambassade d'Allemagne à Paris. Hitler dénonce un complot juif et un gigantesque pogrom se met en place, surnommé la « Nuit de Cristal ».

1939 : l'humoriste Pierre Dac popularise, pendant la drôle de guerre, l'expression *chleuh* pour désigner les Allemands par sa chanson intitulée : *J'vais m'faire Chleuh !*

1941 (16 février) : alors que la zone occupée est à l'heure allemande et que la zone libre est restée alignée sur le fuseau de Greenwich, un décret du gouvernement de Vichy les unifie en avançant l'heure légale de 60 minutes dans les territoires non occupés.

1945 (7 mai) : l'acte de reddition de l'Allemagne nazie est signé à 2 h 41 du matin par le général Jodl, chef d'état-major des forces armées allemandes. La capitulation sans condition de l'Allemagne et la cessation des combats seront annoncées le 8 mai à 23 h 01.

1945 (17 juillet) : le roi George VI accepte de céder à la Yougoslavie la suite de l'hôtel Claridge de Londres dans laquelle a accouché l'épouse de Pierre II de Yougoslavie, pour que l'héritier soit né sur le sol national.

1953 (23 décembre) : absent le jour du scrutin présidentiel en raison d'une opération de la prostate, René Coty récolte la majorité absolue des suffrages au treizième tour.

1955 : Winston Churchill, affaibli par un accident vasculaire cérébral, prend sa retraite mais décline le titre de « duc de Londres » que lui propose Élisabeth II.

1956 (10 septembre) : pour préparer l'intervention militaire sur le canal de Suez, le président du Conseil Guy Mollet propose à son homologue britannique une « union politique » avec la Grande-Bretagne. L'idée ayant été rejetée, il suggère l'adhésion de la France au Commonwealth. La reine Élisabeth II aurait été le chef de l'État Français !

DU MÊME AUTEUR

CHEZ ALBIN MICHEL

LES POURQUOI DE L'HISTOIRE,
juin 2014

CHÂTEAUX ROYAUX DE FRANCE,
novembre 2013

SECRETS D'HISTOIRE 1, 2, 3, 4 et 5,
octobre 2010 à 2014

LE DESTIN D'UNE REINE,
avril 2012

UNE VIE DE CHIEN,
octobre 2009

GRACE KELLY,
septembre 2007

MON ROYAUME À MOI,
mars 2000

Remerciements à Lise Boëll, Julien Colliat,
Olivier Lebleu, Virginie Caminade,
Damien Bergeret, Cécile Meissonnier
et Marie-Paule Rochelois.

Composition Nord Compo
Impression CPI Bussière en mai 2015
Éditions Albin Michel
22, rue Huyghens, 75014 Paris
www.albin-michel.fr
ISBN : 978-2-226-31663-9
N° d'édition : 21639/01 – N° d'impression : 2014841
Dépôt légal : juin 2015
Imprimé en France